你的善意，是孩子的光

有教無淚，從愛出發，**神老師**的陪伴全教養

神老師＆神媽咪（沈雅琪）——著

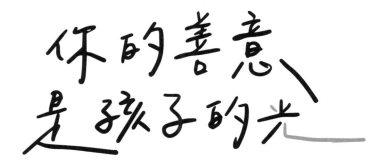

推薦序

神老師是老天爺送給教育界最棒的禮物

TED×Taipei講者 余懷瑾

第一次見到神老師是在鄭弘儀「新聞挖挖哇」的節目，她侃侃而談，為弱勢的孩子仗義執言，像個俠女，義無反顧。因此，我成為神老師的粉絲，我喜歡她為教育、為孩子做的事情，在學校裡，她無怨無悔地照顧需要照顧的孩子，看見不同孩子散發出來的光芒，一個班這麼多孩子她願意這麼做，很不容易，但她做到了。

神老師經年累月為「特殊生在普通班的融合教育」奔走演講，第二次遇到她是在屏東的特教研習，她擔任講師，擅長做蛋糕點心的她黎明早起為聽眾做糕點，我嚐到了她的用心付出，在關懷特殊生的大聲疾呼下，我更感受到她的那一份溫暖。

神老師用口說教導孩子，用身教做給孩子們看，書裡面滿滿的愛，深深的期待，這是一本關注教育的人都該看的書、都該實踐的寶典，謝謝神老師讓我們有典範可循。

推薦序

良善迴圈中一股堅實的力量

親子作家 彭菊仙

讀完這本書，我才覺得，要孩子培養同理心是如此地困難，不要說孩子，連大人都很難做到將心比心。在書裡，我們看到了一個個被邊緣化的特殊孩子，令人心疼憐憫，每一個班級幾乎都有類似的個案，然而，當我們自己的孩子身處其中時，或許我們也很可能因自私的心態而無視、默許甚至鼓勵孩子的排擠言行。

神老師是一位教育現場的天使，她具有比一般人更為敏銳的感受力，深刻感應著被排擠者以及排擠者的幽微心理，同時，她也擁有非常冷靜的思考力，不論微排擠、集體霸凌，每一篇故事，我都看到她以無比的智慧引出孩子們暫時被遮蔽的良善，而以新的眼光看到每一個人的價值。

不時強調自己壞脾氣的神老師為什麼心地卻如此柔軟？我想，答案就在於她自己是一個過來人，她這位大天使的淬鍊動力來自於她的小天使女兒啊。這本書非常值得一讀，因為對成長中的孩子而言，建立同理心是抽象難體會的，透過一個個真實的個案，我們深入了解孩子世界裡真實存在的殘酷；從轉折中，更領略到如何引導孩子以智慧之眼換位思考，成為良善迴圈中一股堅實的力量。

自序 讓教育不一樣

今年是我任教第二十年，真的沒想到自己能在同一個工作、同一所學校工作這麼久，成了大家口中的資深教師。

我家妹妹今年國小四年級了，因為她的嚴重學習障礙，面對越來越深的課程，在陪伴她的過程中，我經歷了很多在師範學院完全學不到的親身體驗；也因為她，讓我去思考很多以老師的身分看不到的問題，每每提醒我用不同的角度去面對班上學不會的孩子、特殊的孩子。

這麼多年下來，幾乎所有類別的特殊孩子我都帶過，每一個孩子都成了我人生的導師，給我很多不同的衝擊和想法。我思考的模式、看待孩子的角度、因應的方式、處理的態度，都不斷地調整和改變，也讓我去思考教育對每個孩子來說真正的意義。

因為聲音難聽，我從來沒有演講過，但是從妹妹入學後被體育老師剝奪受教權整整三個月，因為中度障礙的她被稱為下愚，重擊了我一直引以為傲的教師身分。我告訴自己：雖然我沒辦法讓一位老師懂得尊重特殊孩子，但是我可以讓更多對教育有熱忱的老師了解特殊生，進而去接納他們、幫助他們。

短短兩年，我走了將近一百五十所學校，分享自己的心路歷程。自己帶一個特殊的孩子進入教育環境後，我體會很多特殊生父母得面對的困境，不斷地調整自己的教學方式；我也分享如何面對班上的特殊生，去看見每一個孩子的特質和需要，陪著家長一起想辦法面對孩子們的不同。

很多人問我怎麼有辦法可以面對這麼多人侃侃而談孩子的障礙？這一百多場演講，我每一場都落淚，一路走來很不容易，會心痛，但是我坦然面對。我以開朗又善良的妹妹為榮，當然不會有任何顧忌。如果我的經驗可以讓更多老師了解這些孩子和父母的困難，一切都是值得的。

很幸運地，透過鍥而不捨地把教育理念分享出去，我在網路上有十三萬的粉絲，每每在我有任何想法時，都有很多朋友無條件地支持著。我們一起幫助了好幾位辛苦的阿嬤、短短三天內募集了花蓮早療協會的早療車、提供二十幾所學校和機構二手衣、三個小時內賣掉愛盲協會一千包的米，甚至捐贈了五百多組點讀筆給特教老師們幫助閱讀障礙的孩子。

很多事情完成後我自己都感到驚訝，從沒想過自己能有這麼大的能耐。我的大學聯考國文沒有達低標，卻出了兩本書；妹妹到現在仍然不認得幾個字，卻每天期待要去上學；在忙碌的家庭生活和工作中，還能處理兩百多箱轉贈的二手衣物……我很認真地面對生活中的每一件事。

我希望透過這本書，能讓每個讀者對於教育會有不同的想法。

感謝所有在我生命中出現的貴人，他們透過不同的方式讓我成長，讓我變得更好。

目錄

第一章　沒有孩子想要學不會　013

第二章

你的善意，是孩子的光 077

第三章 陪伴是最好的教養 167

CHAPTER

1

沒有孩子
想要學不會

孩子犯了錯，重點是教育而不是處罰

班上有個孩子，當大家都專心地看著影片，他一個人認真地在手上寫字，前面放著單字表，我知道他在做什麼……

我輕輕地叫了他的名字，他嚇了一跳，看得出來忐忑不安，走到我跟前，我定神看了他好幾秒，請他讓我看一下他的手。他的手心上滿滿寫著待會要考的單字，我用只有我們聽得見的音量說：「去洗手。」

過了幾天這個孩子生病請假，媽媽來學校替他拿功課，我跟媽媽提起這件事，請她在家裡協助孩子背單字。我說，孩子一定是沒有準備才會興起作弊的念頭，萬一被同學發現了，孩子得承受全班同學的質疑，一旦揹上「作弊」的罪名，以後的誠信都會受到質疑。

媽媽聽完紅了眼眶，跟我說：「老師，謝謝妳沒有當眾給他難看。」

我跟媽媽說：「他會作弊是提醒我們他有狀況了，可能他之前都用這樣的方法，所以我不知道他不會背單字，沒辦法幫他的忙。即使當眾指責他，還是沒辦法解決他背單字的困難，反而會讓他陷入困境。」

媽媽說：「我們很疼他，從來不給他壓力，但是他一直提不起勁來，對於學習總是被動又隨便。」

我跟媽媽說：「**我們不給孩子壓力，但是可以給予誘因，鼓勵他進步，讓他有前進的動力；給他一些期待，讓他知道我們對他有信心。**如果都沒有壓力和鼓勵，孩子會太安逸而被動，覺得這樣就好了。我會先找他來了解學英文的狀況，媽媽這邊也幫我鼓勵他，看看會不會改善。」

媽媽紅著眼眶、連聲謝謝的背影，始終縈繞在我心裡揮之不去。我能了解身為人母的擔憂，在我家孩子上小學時，因為偷改了考卷上的一個答案，老師當眾羞辱他，不只那一科零分，還公開地重重處罰，罰到他回家連樓梯都上不了。

這件事給了孩子一個很大的教訓，但老師那陣子對他的冷嘲熱諷，同學嘲笑和質疑的眼光，也造成了極深的傷害。

有一天，一個孩子到八點才踏進教室，我問他：「你為什麼遲到呢？」問了很多次，他就是不開口。我只好告訴他：「那就要依照我們昨天約定好的，遲到三次要寫一篇反省作文。」他點點頭。

稿紙放在他桌上半天，他連一個字也沒動，問他：「為什麼不寫？」他說不知道要寫什麼。整個午休我帶著他寫，寫了好久，他只寫了幾行，眼看都快放學了，我找他來：「這個處罰對你來說是痛苦的對嗎？那你要不要跟老師商量，用其他什麼方法來替代？」他瞪大著眼看著我，還是什麼都不說。

最後一節大家考完單字都在閱讀，我又陪著他寫，整張稿紙寫了一半。我發現他有照著我說的做，多設定幾個鬧鐘，鬧鐘一響就起來，不要賴在床上，提早十分鐘出門。於是我問他：「你都有做到，為什麼今天會遲到呢？」

他說：「我今天六點就起床了！」我大吃一驚，「那為什麼會遲到呢？」

他掉下眼淚，「我在等姐姐……」

「如果你早上告訴老師，是因為姐姐才遲到，老師一定會減輕罰則，甚至不罰，你不說，是不是就錯過了為自己解釋不被誤會的機會？」

我們要教導孩子適時把話說清楚，在遇到無法承受的處罰或事件時，懂得開口協商和求救。

教育的目的是幫助孩子改變、成長，而不是處罰。即使處罰也要及時、簡短，當孩子無法負荷懲罰時，就是一種折磨，懲罰拖久了，提醒的意義就消失了。當孩子怎麼樣都寫不完罰寫的功課時，那是一個掉進去都找不到出口的無底洞，很多時候都是直接放棄，又怎麼會想要改變呢？

不管是誰都會犯錯，重要的是學習正確的觀念，犯錯後反省、改過才能解決問題，而不是讓孩子陷入無法承擔的後果。

沒有最好的方法，只有最適合的方法

她幾乎每天都遲到，好說歹說、再三提醒之後會有兩天準時上學，接下來只要我一不注意，她就又開始遲到。睡太晚、鬧鐘沒設定、早餐吃太久……每天都有不同的理由。她的作業常常缺漏頁，我改完作業會把錯誤的地方摺起來，她沒有訂正，卻把每一頁都摺回去，因此每一本作業我都得往前翻，才能找出沒有訂正的部分，請她補上。

我跟她媽媽聯絡，問她遲到沒辦法改善的原因？媽媽說她每天在家裡不斷嘮叨、吼叫，都快要變成瘋婆子了！但這孩子的動作還是慢條斯理，個性「沒要沒緊」，一點也不在意。

當一個孩子習慣被斥責、被提醒，會越來越被動，只要沒有人催逼，就不

會主動去做該做的事情。我跟媽媽說，如果媽媽一直都有按時叮嚀，孩子卻完全沒有改善，還說媽媽超兇的，像虎姑婆一樣，那請媽媽調整一下方式，完全不要提醒她。早上不要叫她起床、催促她上學，她起不來就遲到，自己來面對我；簽聯絡簿的時候，只問她有沒有完成、看一下有沒有老師的留言，然後就簽名。不要再去檢查她的功課有沒有訂正，讓她自己完全負起行為的後果。如果媽媽同意，我們分工合作，讓這個孩子從習慣和態度開始改變。我也請媽媽一定要忍耐住，因為剛開始放手會很痛苦。

那位學生的媽媽是專業講師，在職場上很有能力的女強人，對於孩子有遲到、缺交功課、不訂正……這些壞習慣，當然很焦慮。我要媽媽不去唸她、罵她，看到她被我處罰的時候也不要心疼，等過渡期過了，孩子就會自己去面對。

這孩子非常喜歡閱讀，為了遲到幾分鐘會被剝奪休息的時間；作業不訂正，被我發現後要到台前來訂正，對她來說是難受的。完成處罰後我找她來，問她：

「為了幾分鐘的遲到，那些妳想做、喜歡做的事情就都不能做，妳甘願嗎？妳這麼聰明，真的需要老師嚴厲的對待嗎？沒有把該做的事情做好，回去寫一篇為什麼妳需要這樣被對待的日記給我……」

罰了幾次之後，這孩子從一個禮拜遲到五天，到後來偶爾一次，甚至還約了同學一起上學，給自己提早出門的動力。比我早到的時候，還會來告訴我，「老師，我今天超早到的耶！」

我緊盯她的功課，只要沒寫、沒訂正一律不放過，習慣了之後，她就真的沒再缺交過。

當我們的方法對一個孩子無效的時候，要改變的，可能是我們自己。有些孩子只聽父母的，我就會拜託家長協助完成他們在學校無法做到的事；有些孩子好說歹說都沒有用，父母也放任不管，但是卻聽學務主任的，孩子犯了大錯時就只能請主任來跟他說說；有的孩子只要叫來說一下，眼眶立刻泛紅，自己就會改過，這樣的孩子只需要輕輕提點，不用破口大罵或處罰。有的孩子表面上遵守所有的規定，在老師面前乖巧又聽話，可是私底下作亂、辱罵同學，這就需要細心的觀察和適時的引導。有些家長非常寵愛孩子，老師唸一句講一句都是罪過，這孩子就只能照著班上的規定來辦理，不能多說多做些什麼。

每個孩子的個性不一樣，對待的方式也不一樣，從來就沒有一套方法適用在每個孩子身上，遇到孩子有狀況的時候，如果親師能合作，一起商量教育這孩子最好的方法，就能讓他們慢慢改掉錯誤習慣。遇到願意與我合作的家長，我非常樂意做我能做的。

教育孩子，沒有最好的方法，只有最適合的方法。每個孩子都是獨特的風景，讓他們把基本的能力和習慣建立好，就能有屬於自己的一片天。

看見孩子的價值

我被學校派去參加研習，這個研習可以帶個學生一起去，通常為了要有好的表現，老師會帶班上最優秀的孩子。我看著班上常常出公差、表現優秀的孩子，到底要選這個還是選那個？選誰好像都不公平，所以我選了一個平時特別努力的孩子。我問他要不要跟我去研習時，他的眼睛瞪得好大，然後猛點頭說：「老師，好，我要去！」

研習那天，我一邊開車一邊跟他聊天，他突然問我：「老師，妳為什麼會選我去？我很不乖。」

我問他為什麼覺得自己不乖？他說：「我每次功課都錯很多，考試也考不好，連聯絡簿錯字也一堆，每天功課都訂正不完……」

我說：「我覺得你很乖，每天功課都有準時交，每節課都待在教室一直訂正，而且每天都有努力背單字，你做什麼事情都好認真，每次請你幫忙都會把事情做得很棒！老師有看見你的努力，覺得你超乖的！」

一整個早上，我們很專注地跟著講師看著電路圖做電子作品，對我這個模型控來說，實在是輕而易舉。孩子看不懂線路怎麼配，我們一起討論，最後作品成功完成了，在放入電池燈光開始閃爍的那一刻，他的笑容好燦爛。

我帶他去吃了我愛的牛肉麵，去附近有名的麵包店，請他選幾個麵包，聽他嘴裡數著，這個給爸爸、這個給媽媽，還有姐姐……我問他：「那你呢？」他說：「老師，我不用，我吃家裡的早餐就好。」堅持只拿三個麵包，不願意再多拿一個。

當導師這麼多屆，每年都要選出一位模範生，選出來的孩子不管是成績還是在社團的表現都非常優秀，還有好幾個孩子國小六年內就當了好幾次的模範生，真的是品學兼優、表現極佳，不管在哪個班上，都被同學一致推崇。

今年我們班卻選了他這個很不一樣的模範生，如果以成績來排，他是完全沒有機會的，但是這孩子因為對事情的態度、對每個同學的友善、對學習的堅持讓同學們都感到佩服而雀屏中選。

那天他不在班上，跟著球隊參加了中小聯運，同學們提名了好幾個成績優異的孩子，也提了他的名字，最後以壓倒性的票數選出他當模範生。隔天他回到教室，聽到這個消息好訝異，他在下課的時候來找我，紅著眼眶跟我說：「老師，我的成績不好，沒有資格當模範生。」

上課後，我當著全班孩子的面，拿出模範生推薦表，告訴所有的孩子，上面有十項指標，規定只要符合兩項以上就可以成為模範生候選人：有誠信、負責任、知尊重、能關懷、肯合作、願助人、敬師長、知孝順、愛同學、勤學習，我把每一項指標的意義唸一遍給孩子們聽：「這孩子不是做到兩項而已，是做到十項。我們都知道他的成績沒有很好，但是當一個模範生，要的不只是成績好，他有這麼多非常棒的特質，願意付出、對每件事情都盡全力去努力，大家選出他來當模範生，老師覺得很驕傲，你們看到了做人最重要的事情，而不是只看到分數。」

影響孩子人緣的絕對因素不是成績好壞，而是我們面對他的成績表現出來的態度。很多成績差的孩子在一個班級裡人緣差，是因為我們只看見他的成績，他因為成績差被指責不夠努力、不夠認真、拖累全班的平均分數；或者因為成績差而被忽視，成了班上隱形的孩子；有時還會因為成績差而被剝奪了跟同學互動的時間。但是我看到這孩子在某些科目上的障礙，也看見他鍥而不捨的學習精神，常常鼓勵他、讚美他。

我們班的孩子在有好表現時，可以蓋優秀章，我問他為什麼集了那麼多章，都不來換點功課免寫？他說他想要集滿所有的章，畢業時當作紀念。

他是個努力的孩子，原本一個單字都背不起來，每天到處問同學怎麼唸，走到哪裡單字表就拿到哪裡，不停地複習著。聽到旁邊成績好的學生說他根本不需要背，聽到就可以寫出來，他羨慕極了！但是背了一整年，從五個單字要背一個小時以上，到畢業前一天考十個單字也難不倒他，進步不少。

數學也是，每次功課都會錯很多，他總是一題一題地問同學、問老師，把每一題都訂正好，也用下課時間完成當天的數學作業。他說在學校寫，遇到不會的就可以問同學，在他身上，我看到了堅持的態度。

我知道他對數學很棘手，所以告訴他：「你來，老師陪你訂正！」我陪著他把式子一題一題列出來，替他找到可以不影響下課的訂正方式，只要他願意，我會不厭其煩地教他同一題數學，讓他可以跟其他同學一起去球隊、一起下課玩耍，常常請他幫忙，給他替班級服務的機會。

萬芳高中老師余懷瑾曾經在演講中說：「**對孩子的友善，老師帶頭做，孩子看著看著才會做。**」

教出成績優異的孩子，從來就不是我的功勞，優秀的孩子不管誰教都優秀，可是讓一個孩子被肯定、被看見，肯定是我最大的驕傲。**身為老師，除了因材施教、諄諄教誨，我們都應該盡最大的努力去發掘孩子的真正價值。**

低成就動機的孩子

幾年前放學時我當總導護，正在操場整隊，聽到一個媽媽在全校的隊伍前面，對著女兒破口大罵。她怒罵的音量，蓋過了我用麥克風整隊的聲音，我急忙過去了解狀況，原來是小女孩跟同學借了東西沒有還，趁著媽媽來接小女孩時，同學跟她告了狀。

在媽媽要出手打那小女孩的同時，我搶先一步，把孩子攬在身上，小聲地跟媽媽說，不要當著同學的面給孩子難看，這樣會讓她沒面子。媽媽氣不過，繼續飆罵女兒老是跟別人要東西，我跟媽媽說：「我們會請老師幫忙處理在班上發生的事情，妳不要在這麼多人面前罵她，全校都在看……」

每個孩子都會犯錯，當眾教訓，會讓他們恐懼，也影響其他同學對這個孩子的態度，卻沒辦法學會正確的處理方式。**千萬別羞辱犯了錯的孩子，她需要的，是了解，是方法。**

看了幾次這孩子當眾被媽媽叱責的狀況，我知道她在學校的處境一定很艱難，在編班的時候，我跟資源班老師主動提出想帶這孩子的意願，她也順利進入我的班級。

開學第一週，我出的功課不多，但是孩子就是不寫不交作業，連生字練習都沒有完成。

決定要收這個學生的時候，我就知道她的狀況，以為這孩子會因為我的威嚴，乖乖地、順利地改掉原本的壞習慣，結果並沒有。我的鼓勵和讚美對她完全無用，威脅利誘也起不了任何效果。

我每天花很多時間鼓勵她，跟她談話，說老師對她有信心，我們一起努力加油，我很期待她明天會把功課完成交出來。她總是張著大眼睛跟我說好，但是隔天來到學校，我的希望總是落空。如果不想些策略，每天面對雙手一攤的她，我都快瘋了。

後來我換了個方式，找一天讓她先把前一天功課補完，午休的時候再找她來我旁邊寫當天的功課，我發現她的動作非常緩慢，十分鐘竟然只寫了十個字……天呀！兩頁的功課到底要寫到什麼時候？

我仔細觀察她寫功課的方式，原來她看一個字、寫一個字，速度當然慢。我要她一次看一個詞，看完以後把兩個字的詞寫完才能往下寫；接下來，我要她試試看短一點的句子，她可以記得約五個字，但是很多錯字。我請她練習一次看一句，真的遇到不會寫的字，再回來看清楚怎麼寫，這樣的方法果然讓她寫功課的速度加快很多。

此外我也發現她的注意力無法集中，雖然服了藥，專注力還是非常差，旁邊只要同學一個動作，就能讓她失神好幾分鐘。我把她的桌子轉過來只面對我和書櫃，要她練習沒有寫完這一頁作業前，不要抬頭、轉頭，專心地把功課寫完。

我一直看著她，所以她不敢抬頭，早自習的四十分鐘差不多完成兩頁功課。我要她留下兩行，然後告訴她：「妳好棒！今天只剩下這兩行耶！回家以後要把它寫完喔！」隔天她真的就把功課交了出來，我很開心地公開讚美她，「妳今天好棒，有把功課寫完！老師就知道妳可以做得到，而且字寫得好漂亮呀！」

追缺交的功課時我也很痛苦，可是提前盯著孩子完成部分作業，讓她回家寫剩下可以負擔的部分，一樣是完成作業，意義卻完全不同。她可以跟同學同時交出功課，得到的是讚美和肯定，而不是責罰；交出功課時我看見她的表情是開心的，而不是鬆了一口氣。

我要求學生每天背五個單字，有背的孩子給餅乾點心當作獎勵，她從開學就沒背過，處於完全放棄的狀態。我跟她約定好，一天只考一個，選了只有三個字母的英文單字教她唸，有寫對就給餅乾；我也跟旁邊的同學約定好，只要幫助她背好這個單字，也給一個餅乾。重賞之下必有勇夫，真的就讓她背對了一個單字，她和身旁的同學都好開心！

我告訴全班的孩子：「在沒辦法專注的狀態下，她真的好辛苦，一頁作業得寫好久，難怪作業都沒辦法交。可是她很努力，現在也準時交作業了。你們會發現老師對她很嚴格，是為了讓她養成把該做的事情做好的習慣，但是你們要對她好，如果老師很兇，同學又不理她，她會不會想來上學？老師要拜託你們幫忙，遇到她不會的時候教她，要玩耍、上廁所的時候找她一起去，好不好？」

這孩子平時在教室很安靜，沒有存在感，我盡量製造讓她可以幫忙的機會，跟同學有互動。警衛室通知有包裹，我問孩子們誰願意去幫我領？她立刻舉手，我找了個男生陪她一起去；她的畫畫得很生動，我把它貼在黑板上，告訴大家這是她畫的！

每一屆都有這樣讓我費盡心思的孩子，遇到有狀況的孩子，需要想辦法幫助他們，不管這些方法有沒有效，先執行一陣子沒效再說。

低成就動機的孩子很容易就會放棄，態度變得消極，但是替他們找出問題

所在，提供可以執行的方法，讓他們知道自己有能力完成，就能一點一滴地把自信找回來。

與壓力共處

最近進入期末考的複習週，那孩子非常躁動、也容易發脾氣，考卷上的題目只要複雜一點，他就乾脆整大題放棄，交上空白卷。我要他好好想一想補上，他又叫又怒地說他不會寫，等到考完試要他把錯誤訂正過來，他直接告訴我：「我！不！會！」常常被他惹到情緒快崩潰。

我以前沒有遇過情緒障礙的孩子，直到遇見他，才發現**情緒障礙不是我們所想的壞脾氣或是被慣壞，而是面對困難時還沒動手，就擔心自己做不好、做不了，一遇到問題的反應就是崩潰，心裡滿滿的負面情緒**。

因此帶他的老師往往受到嚴峻的考驗，他的執拗和衝動，也常常讓人忍不住動怒。只是，我們是大人，不能意氣用事，還是要冷靜下來思考，如何讓彼此之間的衝突減少，以及怎麼做才能讓他把該做的事情好好地完成。

我想起自己高四面對重考時也是狂拉肚子，體重一下子掉了三公斤，還去醫院照胃鏡，一直覺得自己得了絕症。可是聯考一過，就什麼症狀都沒有了……

每個人面對壓力的反應不一樣，個性剛烈的人會努力反擊，更認真地去面對挑戰；情緒暴躁的人在壓力的影響下，有時一點小事就能點燃他的怒氣，活像顆不定時炸彈一樣；個性懦弱沒有自信的孩子，面對壓力的時候，會手足無措、情緒低落；有些人會狂吃、狂睡、狂拉肚子……還有些人面對壓力會逃避，心裡想著躲過去就好。

或許拒絕寫題目、拒絕訂正，就是我班上那孩子反映壓力的方式，跳過、拒絕、暴怒、不耐煩……想想我們自己承受壓力時的焦慮和不安，那種喘不過氣的感覺，我比較能體諒那孩子面對考試時的暴躁和抗拒了。我的脾氣壞到無法完全接受那孩子的暴怒，但我是大人可以調整自己的情緒，做個幾次深呼吸，我選擇用溫柔堅持的態度，讓他知道該做的還是得做，幫助他調整心態後繼續完成。

看到他考卷上的空白，我請他花一點時間補上答案，在他整張考卷都寫完的時候，除了口頭讚賞外，還給予大大的獎勵。

每天的最後一節課，我會帶餅乾和蛋糕，獎勵所有把考卷訂正完、把自己事情做完的孩子。看到他喜孜孜地來跟我領餅乾，跟上次吃不到時氣呼呼地說他一點都不稀罕的模樣，完全不一樣。

在我眼中，他就是一個單純學習著如何與壓力共處的孩子，做老師的我要更有耐心，陪著他去面對壓力、調適心情。

過動兒的需要

剛開始接過動兒的時候，我對於他上課頻繁拿文具、玩具玩耍的動作非常在意，尤其是拿起三十公分長尺揮舞時，真的會讓我神經緊繃，深怕他去戳到旁邊的孩子。

所以我會生氣地把他手上的長尺收走，過沒多久，他手上就又多了短尺，一樣在空中飛舞，像是飛機一樣，嘴巴還會幫飛機配音……真是會讓我的壞脾氣一秒爆炸！我上前收走短尺，可是過沒幾分鐘，就會有另一項東西出現，開始敲打、搖晃桌子。

我每天都為了他上課有任何的動作、手上拿著東西玩耍、眼睛不看黑板而生氣，不斷提醒他、糾正他，要求他停止擾人的動作，而他的情緒也被我弄得糟透了，常常面臨理智線斷裂的邊緣。只要在上課時，他的一舉一動都深深地影響著我，不管怎麼提醒要求，他的手上就是得拿著一個東西把玩。

在我把他手上的東西收光光時，那孩子開始剝起手皮、啃指甲，看到這動作我才驚覺，他開始焦慮了。原來他手上那些東西能讓他的情緒穩定，給予他安全感，至少他沒有站起來走動、搖晃，而只是動動手指頭，我怎麼就這麼沒有包容心呢？

我跟他的媽媽商量，讓他帶些可以訓練指力、握力的東西，像是小的按摩球，可以捏也可以刺激手部的皮膚，或是訓練他手部肌肉的握力器，如果他都不喜歡，那就讓他帶可以捏的東西，像是黏土、橡皮擦和小公仔。我也跟孩子說好，上課時他手上的東西不可以高舉起來，也不能發出聲音，只能在自己的桌面上玩，盡量不要影響到旁邊的同學，那老師就不會收走，這樣好嗎？

說也奇怪，原本他動一下都會觸動我的神經，看到他拿起東西揮舞，就覺得他干擾了我上課，但是跟他達成共識後，突然覺得他好乖好可愛，能遵守約定，手上的東西不再飛舞、不再敲打，只是在桌上靜靜地捏著，而且不管什麼時候問他問題，他竟然都答得出來。

這孩子專注的方式跟別人不一樣，他的眼睛沒辦法一直看著黑板，但是他的耳朵有在聽，該抄寫的時候，他會暫時放下手上的東西，寫在課本上，雖然字跡凌亂，他自己看得懂，我就不過問了。

很多衝突，真的是我們沒有注意到孩子的差異性；在很多的規矩束縛下，我們希望孩子們都能專注聽講，所以容不下他們跟一般人不一樣，而忽略了這孩子的獨特需要。

同樣一個孩子、同一個動作，我們看待的方式不一樣時，真的會有不同的感受。如果一個應該活蹦亂跳的孩子上課時只剩下手指過動，是不是已經盡了全力在管理自己呢？我們能不能多一點肚量來包容這個孩子呢？

有時身為老師的我們該調整的是態度和方式，在與孩子之間發生衝突時，討論出一個平衡點，讓他和自己的情緒穩定下來，讓整個班級不會隨時處於備戰狀態。老師與學生的衝突，影響的不只是一對一的關係，而是整個班級，也會影響其他同學的態度和評價。

過動的孩子需要的是一個友善的學習環境、一種可以讓他情緒穩定的氛圍，讓孩子保有一點不會影響他人的自由，用最舒服的方式上課，就不會成為觸動老師敏感神經的地雷。

其實孩子已經盡力了

收到科任老師對班上孩子滿滿的抱怨，我心裡有好多感觸。

那孩子因為亞斯伯格症加上過動，之前長期服藥，可是服藥後會有些副作用，像是誘發妥瑞氏症的不自覺抖動、噁心、頭痛、肚子痛、中午吃不下飯……最主要的是妥瑞氏症的發作頻繁，所以這學期媽媽讓孩子停了藥。

但是藥一停，孩子完全無法獨力完成作業，字體凌亂到看不懂，習作常寫一個大題就交出來，問她為什麼沒寫，她也很訝異地說忘記了。上課無法專注精神、交代全班的事情常常只有她一個人沒有做、寫一篇小日記得花上半天的時間……

因為這樣，孩子感到很挫敗，即使坐在桌子前一整天也寫不完一份作業，考試時完成不了考卷，成績差到連她自己都覺得難受。各科考卷和作業能藏的藏，不能藏的就空白交出。

對於無法完成任何的學習和作業，她的情緒陷入非常負面的狀態，聽到同學一句無心的話，她就像刺蝟一樣地反擊，常常無法控制自己的衝動而跟同學產生衝突，甚至動手打同學；每天進教室愁眉苦臉，日記裡也都是充滿抱怨和無力感的文字。我努力了好久，每天一對一盯著她完成作業，花了非常多的時間，卻不見改善；由於每天都重複同樣的問題，我的情緒常常到達快要無法承受的頂點。

最近媽媽實在受不了，又開始讓她服藥，果然學習狀態一下子全都正常了，寫一篇五百字作文竟然只要寫四十分鐘，而且寫得好極了！我拍照跟媽媽分享的時候，媽媽很驚訝，問我她是不是抄來的？孩子的情緒變得正向，日記裡寫的內容都是激勵自己的話，每天笑容滿面，整張考卷一題不漏，成績也令人滿意。不過，很快地，那些對藥物的不舒服反應又回來了，看到她中午吃不下飯的難受，我好心疼。

我把孩子的這些狀況讓科任老師知道，問她是不是有發現孩子這段時間的變化？老師這才恍然大悟，說真的差好多，原來她無法上課、無法交作業的背後有這麼多的無奈。科任老師的班級多，每個班一個禮拜只有兩到三節課，趕上課進度、收作業就沒時間了，很難發現孩子問題背後的原因。

我很感謝科任老師的抱怨，我才能發現這孩子的難題沒有被理解。在我對她的狀況感到困擾的同時，孩子自己也有深深的無力感；除了停不下來、無法專注之外，她還得面對老師的責罵和同學的排斥，真的很辛苦。

我家妹妹這學期也服藥，所以我可以理解父母親用不用藥的糾結。雖然擔心藥物對孩子造成傷害和副作用，但是沒有用藥，她根本沒辦法坐著上課，用藥後還是沒辦法寫字，可是認得的字多了很多，至少上課聽得懂老師說的話，也可以跟著大家一起活動。所以，只好跟醫生配合，找到最適合孩子的藥物和劑量。

不管用不用藥都有副作用，每個孩子對藥物的反應也都不一樣。在學習階段，如果孩子沒辦法靜下來學習，很快地課業上就會出現斷層，很難補得回來，當他們越來越聽不懂，接下來就是放棄了。此外孩子跟同學之間的相處也會有很多困難，在人際關係上難免受到挫折和傷害，這也是難以彌補的副作用。

有時候不是老師和家長不願意努力，而是盡了力卻無力抵抗孩子天生的限制。一般人無法理解過動、停不下來的痛苦，但我們可以抱持同理心，給這些孩子多一些耐心，別讓他們除了身體的不適，還得承受外來的批判和指責。

老師的壞脾氣

同事說提醒孩子功課沒訂正，小孩竟然當著她的面把作業往地上甩……同事一邊哽咽一邊說著，眼眶都紅了，我實在不忍心看到這麼疼孩子、努力經營班級的老師，卻常為了被寵壞的孩子傷心。

回到教室，我跟班上孩子討論要把數學作業換成一張圖畫，經過表決後大多數孩子同意更換，一個孩子立刻換上臭臉，我問他怎麼了？他板著臉搖搖頭，聽到我輕聲問，他的態度就更誇張了。

我要孩子們拿出英文簿準備背單字，這小孩就是不動，寫到第三題時，我忍不住問他：「你不寫嗎？」他這才生氣地從抽屜抽出英文簿來，拍在桌上，還是不動筆。

我也生氣了，提醒他不喜歡這樣的決定可以討論和溝通，而不是拒絕考試。

隔天他的氣還沒消，交來的圖畫紙上只有四個黑筆人，我要他來我面前，他以為要被罵了，又開始擺上臭臉，嘴巴翹得好高。我告訴他：「你畫的人表情很生動，我想要把你的作品交出去，如果可以加上一些顏色會不會比較好？再畫些什麼讓圖畫更豐富好嗎？」他臉上的怒氣一秒退散，立刻點點頭。

看到他的防衛心卸下，我告訴他，他很不想把數學換成畫圖，可是大多數的同學表決後要換，他是不是應該要少數服從多數？這就是團體生活，我們必須尊重多數人表決的結果。

很多事情都會有前因後果，你生氣對著老師擺臭臉，就會被老師嚴厲地指正；生氣不考試，就沒有分數、得要訂正三遍，最後還要寫反省日記，這就是發脾氣的後果。老師生氣吼你喉嚨痛、為了你氣到胸口痛、再把氣帶回家罵小孩……這也是發脾氣的後果。只是**我們都知道，很多事情沒辦法盡如人意，發脾**

氣的那一刻或許很痛快，可是後果卻收拾不完；我們都有各自的脾氣，但是要懂得互相尊重。

面對班上二十幾個在家裡備受寵愛和關注的寶貝，我常常會有理智線斷裂的一刻。看到孩子態度惡劣、無法溝通的行為，有時好難克制住自己的壞脾氣，得嚴厲地告訴孩子，我無法接受他的態度，但是事後一定找他來聊一聊。

老師，真的是一份需要修養的工作。教育孩子固然是每一位老師的責任，但沒有任何人應該忍受一個被寵壞的孩子，**千萬別放任孩子，讓他們成為無法無天的小霸王。**

沒有教育的孩子，不會是天使。

可不可以不上資源班？

學期結束之前，我們必須做特殊生的轉銜到國中，有媽媽來問我：「老師，我家小孩上國中後可以不要再上資源班了嗎？他很怕被同學笑，一直想要留在班上就好。」

我問那媽媽：「孩子當時上資源班的原因消失了嗎？他不專注的狀況有改善了嗎？孩子注意力不集中，在大班級裡面沒辦法吸收，如果不上資源班，有沒有其他方法可以幫助他呢？」

國中的特教資源有限，如果孩子沒有手冊，又沒有透過轉銜去分配資源，名額就會被排除在外。「如果他現在放棄轉銜，國中上了一段時間以後，以他注意力不集中的狀況，在班上可能會學習落後，妳覺得老師會不會覺得他是因為不認真、上課不專心造成的？」

我遇過的過動孩子大概分兩大類，一種是單純注意力無法集中，不會干擾其他同學上課；另一種是連行為都會很躁動，自己沒辦法上課，旁邊的同學也深受影響。

很多家長覺得自己的孩子看電視、打電動、玩手機時非常專注，可以看很久，怎麼可能是過動？是不是老師上課太無聊？

電視、電動和手機都是快速閃動的聲光畫面，不管是誰都會被吸引而專注，當孩子上課時沒辦法看黑板、眼神開始放空、老師提醒後大概兩分鐘眼睛就又飄向遠方、總是找不到現在寫哪一題習題、上課規定的作業常常寫錯漏寫、身邊一點聲音動作就讓他轉移注意力……這些就是很明顯的注意力無法集中現象。

這樣的狀況往往只有老師上課時才能發現，在家裡孩子能隨意行動、電視總是開著、電動和手機離不開手，如果父母沒有陪伴他們寫作業，很難發現孩子缺乏專注力。

有時真的很為難，發現孩子有嚴重注意力不集中時，到底要不要跟家長反映？如果家長不覺得孩子有狀況，聽到老師這樣說，直覺認為老師不喜歡我的孩子，要我的孩子吃藥，甚至告訴孩子：「因為你不乖，所以老師要你去看醫生。」

孩子沒有不乖，他只是需要幫助。

事實上，像這樣只是單純注意力不集中的孩子，在班級裡是不會影響課堂秩序的。當老師發現他沒辦法專注上課時，只能不斷提醒他，現在上到哪裡，現在寫哪一題，但是這樣頻繁地提醒孩子，會不會影響孩子對自己的評價？自尊心會不會受挫？同學對他的觀感會不會受到影響？如果不提醒的話，孩子很多訊息都會漏掉，作業寫很慢，總是在補功課。

注意力不集中的孩子上了高年級會越發明顯，由於課程加深、難度不斷增加，影響學習，孩子經常放空，只聽到上課片段、聽不懂、學不會，又常常被老師提醒，時間久了就自我放棄了。

孩子在教室裡受苦，對父母來說，是多麼難受的一件事。我跟家長說，我非常清楚孩子要服藥時，父母內心的糾結和不捨，所以我從來不會要求一定要讓孩子服藥。但我會建議家長帶孩子去就醫，讓醫生和治療師評估孩子到底有沒有注意力不集中的狀況，聽聽他們專業的建議，像是調整飲食和生活作息、減少3C產品使用和攝取甜食、適當的運動……通常這樣的孩子在生活中會受到很多提醒和責備，當他們有注意力不集中的狀況時，身旁的老師和同學如果能夠理解孩子不是故意的，就能提供多一些幫助，也更能接納他們。

我常常跟家長一起與心理師討論孩子的狀況，曾經遇過一位家長堅決反對讓孩子用藥，拒絕接受孩子需要幫忙。心理師問他：「不服藥的理由是什麼呢？你知道服藥的副作用是什麼，不服藥的副作用有哪些嗎？如果不服藥、不就醫，讓孩子自己去面對學習的難題，又不斷要求他自律，那是一件很殘忍的事。」

「爸爸，你能了解孩子坐在教室沒辦法好好上課的痛苦嗎？」

在教學崗位二十多年讓我的神經變得很敏感，一個班級裡面有二十五個孩子，上一個禮拜的課就能清楚知道哪些孩子沒辦法專注、學習有困難，但是想幫助他卻不得其門而入……

我的出發點都是為孩子好，我很願意跟家長一起努力幫助孩子。**當孩子為自己無法控制的問題感到苦惱時，我們能不能靜下心來思考孩子的處境，到底他需要什麼幫助？**

讚美的力量

在這個學校這麼多年，我班上所有的孩子都是從小一看到現在。有個孩子很小的時候因為說話不清楚，媽媽下班後很認真地帶他去做語言治療，也常跟我分享孩子很皮、很好動、常常闖禍的事，在教育孩子上費盡心思。

孩子五年級進到我班上，我發現他說話很清楚，上課的時候十分專注，下課後抱著厚厚的書很投入地讀著，還會來跟我分享：「老師，這本書真的很好看耶！」

我告訴他：「你好棒！願意看這麼厚的書。」他笑著點點頭。

我也立刻傳訊息跟媽媽分享：「兒子好棒！上課很專心，會舉手發問，還超愛看書的！我記得妳以前還辛苦地帶他去做語言治療、上感覺統合，現在進步好多，這些都是妳努力的成果，妳真的把孩子教得很好。」

帶一個需要復健的孩子很辛苦，孩子的進步龜速，常常感受不到進步，真的讓人很挫敗。不只是復健的孩子需要鼓勵，照顧者也需要讚美和肯定，才能繼續陪伴孩子奮戰。

另一個孩子從小就讓老師們感到頭痛，也讓資源班老師們煩惱不已。孩子本身只有學習能力比較弱，個性非常溫和，但是他的家長三不五時就到教室來罵同學、當眾對著他咆哮，有時干擾班級很嚴重，連在全校集合的場合，也能聽到他大聲嚷嚷，讓這孩子很沒有自信，也沒有朋友。

剛開學的時候有學生當著全班的面告訴我：「老師，妳要小心！他爸爸會來學校罵人，很恐怖……」

當下全班議論紛紛，只見那孩子眼眶都紅了，低頭不語。

趁他不在教室，我告訴全班的孩子：「那是他的長輩，他無法選擇，可是你們當著他的面這樣說，他會不會很難堪？你們有沒有看到他剛剛都快哭了？我們把這兩個人分開來看，你們覺得他好不好相處？老師覺得他超善良的，也很努力地學習，該他做的事都努力做好，長輩的行為不應該由他來承擔。」

「他的長輩留給我處理就好，我會盡全力不讓他進教室來罵人，以後都不准在他面前這樣說，我們都跟他交朋友，你們要出去玩的時候，找他一起去。」

第一次考單字，這小孩考了一百分，我誇張地說：「你超棒的！一次考五個都能考得這麼好，你來當小老師，每天幫我改五個同學的單字好嗎？」那孩子看著我露出難以置信的表情，害羞地點點頭，看到他批改同學英文單字時專注的神情，我知道他很珍惜這樣的機會。

考試結束，我請所有背了單字的孩子出來排隊。我看著每個孩子的眼睛，認真地告訴他們：「你好棒，有認真準備考試」、「你的作業寫得好整齊」、「你的英文單字寫得漂亮極了！謝謝你願意努力！」、「我發現你今天把廁所掃得很乾淨！」、「你有準備真是太棒了！」不只是稱讚孩子很棒，而是具體告訴他們做了哪些我覺得很讚的事。

有幾個沒考好的同學，我也一個一個鼓勵他們：「你只錯一個，老師要請你吃餅乾，明天要更加油，不能再粗心大意喔！」、「你昨天只背一個，今天背了三個有進步，當然要請你吃餅乾，明天還要這麼努力喔！」

每次演講的最後我都會跟大家分享，前校長楊坤祥當年提醒老師們的一段話。他說：「我們每天都要去讚美一個孩子，越難讚美的那個孩子，我們越要想辦法去讚美他。你會慢慢發現，不只是這個孩子被改變，我們也會改變整個班級；最重要的是，先改變自己看待孩子的角度。」

我把這句話牢牢記住，每天都用力地去讚美每一個孩子，肯定他們的努力和負責任。

在接下這個班的時候，有老師提醒我：「妳班上好多躁動的孩子，還有幾個沒有學習動機的孩子，加上兩個很麻煩的家長……妳要挫咧等了！」可是我發現從開學到現在，我幾乎都不需要發脾氣，每天大概花十分鐘認真地告訴孩子們我的想法；遇到孩子有狀況時，用嚴肅的語氣詢問孩子，提醒他不能再犯。我每天用鼓勵的方式讚美所有孩子，很多之前預期會有的狀況，竟然都沒有發生。

整個班級的氛圍影響孩子非常大，一旦老師的情緒穩定了，再躁動的孩子都能穩定下來！大部分的孩子都會努力完成任務，懶散的孩子能把事情做好，班上的讀書風氣旺盛，原本沒有學習動機的孩子也被其他同學帶上來。

讚美和鼓勵，比起任何處罰的作用都還大，處罰只能制止當下不適當的行為，但是讚美卻能讓孩子從心開始改變。不管是孩子還是家長都需要讚美，讓對方知道：「我看到你的努力」、「我知道你在嘗試改變」、「我發現孩子的進步」、「我欣賞你的孩子」……就能夠得到正向回饋，最後形成一股強大的力量。

習慣的改變不是一朝一夕

看到孩子的桌子跟旁邊的桌子是分開的，請他們合起來後，過兩天又分開了；第三次，我就大概知道發生什麼事了。

我把那孩子找來，「你不喜歡旁邊的同學嗎？」孩子誠實地點點頭，我問他為什麼？孩子說：「他從以前到現在都很髒……而且以前的老師說要我們東西不要借他，他不會還。」

我提醒他：「老師開學的時候不是說要給每個人機會嗎？你說的那些狀況，這學期還有嗎？」

他想了一下，說：「好像有！」

我告訴他：「我有仔細觀察，沒有看到他的那個動作，也提醒過他別人的東西不可以拿，你幫我注意看看，如果有的話請告訴我。可是，你這樣還沒弄清楚事情真相就把座位搬開，還滿傷人的，如果另一個坐你旁邊的人也把桌子搬開，你會不會覺得難過？」

午休的時候，我把另一個孩子找來，提醒他要改掉之前那些壞習慣，告訴他別人看到那些壞習慣會有什麼感覺，如果很想做那動作時該怎麼處理，也明白告訴他：「要把自己該做的事情做完，一直被提醒，分組時同學會很擔心你不能負責，就會不想跟你同一組。」

下課時我仔細看著孩子們的互動，又把第一個孩子找回來，跟他說：「老師剛剛看到你對別人很親切又會主動幫忙，你很棒呀！我想你會不想靠近他，一定是因為他之前的動作讓你害怕，你才會這樣對待他？」

「我發現你有好多好朋友，你的行為會影響他們，如果你接受他，你的朋友就會受你影響，也給他一次機會。」

「老師剛剛已經提醒過他了，我相信他會改，下次再有同樣的動作，你一定要告訴我，我請他改，好嗎？如果我們提醒他，他就會越來越好，可是我們討厭他、排斥他，他覺得沒希望，就沒辦法改變了！老師拜託你幫我照顧他好嗎？我們一起讓他變好。」

接下來我仔細觀察，隨時讚美這個孩子肯接納同學、幫助同學，是個好孩子；我也常常提醒另一個孩子要改變壞習慣，只要有些微的進步就不吝惜地讚美。

曾經有一位老師問我：「為什麼開學已經一個月了，我用盡心力想要改變一個孩子，孩子卻依然故我？」我反問那位老師：「他在這樣的家庭和環境已經養成十一年的習慣，你覺得我們每天花幾個小時，一個月之後就可以改變他嗎？我們真的那麼神？」

要改變一個孩子的壞習慣，改變一個長久以來的觀念，那是一條長遠又困難重重的道路，不過我有兩年的時間可以努力，只要看到就提醒他、鼓勵他、讚美他，給他機會，我相信孩子一定會越來越好。

老師不是線上聯絡簿

學校剛開學，家長們似乎都很焦慮，深怕沒有達到老師的要求，可能會讓老師對孩子的印象不好，所以即便是一些作業的規定、班級的常規，我在這兩天都在教室一再地提醒了，還是有家長會擔心孩子沒講清楚，而打電話來詢問。

我花了半節課說明上資源班的意義，希望每個孩子都能得到同學的尊重，還講了一個學姐的例子讓他們理解我要表達的想法，請他們回家後想一想老師說的，用自己的話寫在八十格的小日記裡。很多事情我說過，孩子立刻就忘了，我希望透過小日記的方式，讓孩子回想之後，能記得更清楚。

這幾天陸續有幾位家長、學生傳訊息或打電話來詢問該帶什麼、該穿什麼，在晚上十點我已經上床睡覺時，還有一位家長打電話問我：「老師，小日記要寫什麼？」

我跟媽媽說，小日記要寫我早上說過的小故事，媽媽說孩子忘記了，我告訴她：「沒關係，那就星期一來學校再處理。」

我其實很不喜歡當線上聯絡簿的感覺。

上學的是孩子，他必須要把該帶的、該寫的全部聽仔細，在聯絡簿上寫清楚。當孩子忘記該怎麼寫，如果直接問同學、問老師，就不會去回想老師花了半節課傳達的內容，尤其是從同學口中問到的，會是同學聽到、想到的，而不是自己的真實感受。

孩子剛開始沒有把事情做好，是很重要的教育時刻，當他拿著空白的小日記、沒有帶老師規定的東西到學校時，必須親自面對我，我會清楚地跟他再說一遍，提醒他下次要專心，這就是一個警惕和學習。如果每一次忘記時，孩子都能傳訊息問老師、家長都會幫忙打電話問老師，孩子上課時就不會專心聽講。

曾經遇過一個孩子，在晚上九點多傳訊息問我：「老師，數學第×頁的第三題怎麼算？」

我告訴他，我手邊沒有作業，沒辦法教他，請他隔天到學校再來問我。

過了一會兒，他拍了題目的照片傳訊息給我，「老師，第三題、第五題怎麼寫？」我直接告訴孩子，隔天到學校再教他，如果回家後沒有人可以教他，要不要在學校先把數學作業完成，不會的就在學校問我。

也許每個人都覺得只是問一兩題沒什麼，可是老師要面對的是全班二十幾個學生，每個人打一通電話，就會影響老師的家庭生活。在深夜裡打電話給我，也會中斷我原本就極短暫的睡眠時間。

我希望家長和孩子打電話給我，是討論、是溝通，而不是把老師當作聯絡簿或是線上課程，遇到不會的題目直接來向我要解答。**讓孩子承擔忘記、沒有專心的後果，養成當場聽不懂就勇敢發問的習慣，是讓孩子學習獨立的過程。**倘若孩子忘記了，就讓他們自己到學校解決；沒有帶東西、穿錯衣服了，下次改進就好。這些生活上的細節多如牛毛，一兩次的疏忽，老師真的不會太為難，重要的是孩子在過程中學會了什麼。

我自己也是三個孩子的媽媽，十分清楚當孩子不會寫、不知道要帶什麼的時候會很焦慮。但是我在學校上班，沒辦法替孩子送東西到學校，他們得自己想辦法記得所有該帶的物品。

我們不能幫忙孩子解決所有的問題，最好的方法，就是讓他自己面對問題。家長們，**請不要把老師當線上聯絡簿，讓孩子自己想辦法把該記住的事情記牢，這也是訓練他們為自己的人生負責的第一步。**

給孩子一個翻身的機會

上了五年級後重新編班，一開學，我花了很多時間跟孩子們宣導一個觀念：「你們中年級做過的事情我都清清楚楚，中年級的事，我們都留在中年級，有壞習慣的人一定要想辦法改掉，因為我會全部忘記。老師要給每一個人自己決定要當哪一種孩子的機會，如果你知道哪些同學有壞習慣，也請你忘記，因為我們是一個全新的班級，他是一個全新的小孩，你們都不能用中年級的方式去對待班上的任何一個人。」

很多孩子會把中年級的印象帶到高年級來，那些之前犯了錯、人緣差的孩子，往往就會永無翻身之地。

我告訴孩子們，面對你不喜歡的人，只有兩個選擇：第一個選擇，是嘗試著去了解他，看看他有沒有什麼優點？是不是誤會他了？重新用不同的角度去看待這個同學。大家要同班兩年，如果你討厭一個人又要跟他相處兩年，每天都要看到他，一定會很不開心。

第二個選擇，是減少跟他的接觸。如果你真的很不喜歡這個同學，那就少接觸，但是，不可以去影響身邊的人對他的態度。你自己不喜歡他就算了，不可以去問別人喜不喜歡他？不可以說他的壞話，更不能慫恿別人一起討厭他。

「你討厭任何一個人，我不會干涉你，但是你羞辱、欺負、霸凌、孤立同學，我一定會用最嚴格的方式來處理。」

開家長會的時候，我跟一位不斷數落自己女兒的媽媽說：「媽媽，妳現在說的我都知道，資料上面都清清楚楚，但是，孩子現在是五年級，我們都不要再提之前的事。如果孩子一直背著過去的評價，我也用同樣的方式對待她，她就沒有機會被同學喜歡，那她還要努力嗎？反正爛到底了，還需要改變嗎？」

所有犯錯的孩子背後都有原因，她會一再重複同樣的錯誤，用盡各種方法

都改變不了，代表我們沒有找到方法，她很辛苦呀！

「媽媽，如果妳都不支持她，誰來喜歡她？」

雖然媽媽不認同我的想法，不斷地告訴我孩子的壞習慣有多嚴重，但是我相信沒有孩子想要讓人頭痛和討厭，因此整個暑假我都在思考該如何幫助這個孩子？我又要如何讓她有所改變呢？

月考過後，我們都會重新抽籤來決定班級幹部、座位和打掃工作。幹部抽籤時，孩子去資源班上課，留下最後一個屬於她的籤，是副班長。我把她的名字寫在黑板上時，孩子們在台下議論紛紛，「她當副班長耶！」「哇！怎麼可能？」

陸續有孩子來跟我反映，提出質疑。我看著他們說：「抽到誰就是誰來當，為什麼要挑她來說？你怎麼不說誰抽到班長？」所有的聲音一下子全部都靜止了下來。

這兩個禮拜她交作業的狀況非常差，前一天放學還信誓旦旦地跟我說會完成作業，隔天來上學，一個字也沒動。我猜想可能是我要求媽媽替她的藥減量，身體一時之間不能適應，而不靠藥物時，她只能仰賴原有的動力和意志力，但是這兩項她都沒有。

前幾天趁孩子去上資源班，我問全班的孩子：「昨天的功課，你們寫了多久呢？」大家都說半個小時、四十分鐘，「老師給她一半的功課，你們猜猜看，她放學後坐在老師的面前寫了多久？是兩個半小時……你們想想看，她有多辛苦？沒有經歷她的狀況，是沒有辦法體會她的辛苦的。她不是故意不寫功課，就是真的沒辦法專注，大家心疼她都來不及了，怎麼捨得隨便給她臉色看？沒有人可以隨便對待她，以後我看到一次就會講一次。

「她抽到了副班長，就是副班長。我想這可能是她這輩子第一次也是最後一次當班級幹部，我們都給她機會、給她一些時間和耐性好不好？尤其是班長不在，讓她帶隊的時候，你們要特別有秩序、好好尊重她，等待她開口發號施令，不要催促她，讓她緊張。我希望這個職務可以給她一些自信，讓她敢站在大家的面前，想要當個好副班長，慢慢地要求自己把該做的事情做好。我們一起幫助她，讓她越來越好。」

只給她工作，卻不協助她，就是製造更多讓她被欺負、被嗆的機會。於是我耳提面命地說：「前幾天我看到幾位同學在她不會寫功課的時候主動幫助她，也看到幾個同學面對她的時候態度很不耐煩，你們每個人對待別人的方式，我都看在眼裡。我還是要再強調一次，她有沒有交功課是老師的工作，請大家都尊重她，把她當同學，不能只因為你個人的感覺就任意對待她。這件事我會非常注意，請大家要修正自己的態度。」

月考前她被各科作業追殺，我跟科任老師說，是不是能給她可以負擔的、看得懂的作業就好？給她超過能力範圍的作業，真的沒有意義，也耽誤了她正常的作息。終於，她在月考前把所有該交的作業全補上了。我告訴她，下星期我們就可以從零開始。

她的個性善良又溫和，雖然沒有影響到任何人，還是常常受到同學的白眼和嫌惡的表情對待，如果我沒有三不五時去提醒、糾正，就難逃被欺負的命運。這也耗去我很多休息時間來處理她的作業、修正她的生活習慣，但是保護孩子、讓每個孩子受到公平對待，是身為老師的責任。

即使是破損的楓葉，都有它獨特的美麗。我期許自己能多一點智慧，找到最適合的方法，去幫助這些辛苦的孩子，給孩子一個重新開始的機會。

沒有媽媽的孩子也是寶

帶了八屆的畢業生，一個班裡的人數不斷下降，從二十年前一個班三十五人，到今年一個班才二十一個，雖然人數減少了，單親、特殊兒、隔代教養的孩子比例卻多了，我得用更多心思去面對每一個孩子的狀況。

我習慣開學前打電話給孩子的家長聊聊孩子的狀況。這幾天在打電話時，想起幾年前打了一通電話，是孩子的媽媽接的。聽到我要問孩子的狀況，孩子有沒有過敏？有沒有需要我注意的地方？她直接冷冷地回道：「我跟他爸離婚了，很多年沒有看到小孩，他的狀況我不清楚，請妳以後有事直接打電話給他爸，不用打給我……」

聽到這裡，我好想跟媽媽說：「雖然離婚了，孩子還是很需要媽媽，如果可以跟爸爸達成協議，偶爾去看看孩子、打電話給孩子該有多好！」我多麼希望聽到她說一聲：「請老師多照顧我的孩子，讓老師知道這孩子需要多一點的關心。」

遇到很多單親的孩子，父母離異後，孩子跟著其中一個，就跟另一個失去了聯繫，有時是因為父母之間的糾紛沒有協調好，雙方仇恨，所以禁止孩子跟對方接觸，這樣的孩子很辛苦，年紀還小，卻要被迫與至親分開，承受大人之間的怨恨。

我也遇過雖然離了婚、爸爸媽媽也各自有了新的對象，但是會把時間分配好，讓孩子上學時跟著媽媽，週末放假時跟著爸爸，孩子不需要選邊站，也不需要跟著其中一方仇視對方，讓孩子能享有父母雙方的照顧和愛的家庭，在這樣的狀況下，單親的孩子就不太會有行為上的問題。

沒有一個孩子不需要父母的愛，即使父母親離婚了，除非會受到傷害，否則在安全的範圍內，孩子還是需要他們的關心，缺少任何一邊的愛都是遺憾。所以，盡量別切斷孩子跟對方的聯繫，那是一種血濃於水的牽絆。

如果重新來過

在接這孩子的時候，很多人都說我和輔導老師做太多。只要提到這個孩子，我和輔導老師一直狂笑，笑彼此的瘋狂，都已經不是菜鳥了，卻跟剛畢業的老師一樣滿腔熱血，整個人都栽進去了。

有一天，輔導老師問我一句話：「如果重新來過，妳還會這樣瘋嗎？」

開學當天，在教室外的走廊上，我們第一次見面，那女孩一看到我竟然就哭了。我看著她，問她怎麼了？她不斷地搖頭。我以為她因為換了老師、換了班級感到陌生而恐懼，結果是開學前遇到了可怕的事。

那年她安置在我的班級，收到學生資料時，她的遭遇和身世就像是連續劇一樣，每一段劇情都讓人瞠目結舌。我第一次遇到被安置的孩子，實在不知道該如何對待她，還在思考如何跟她相處，沒想到一接手，就發現她又被傷害了。

剛開學就進入通報和輔導機制，加上她拒學，三天兩頭就不來學校，只要沒來的那天，我一定開車去找她，到了她的家門口拍到門都快破了，她們母女就是躲在房裡不出來。

用強硬的方式沒有用，我選擇在晚上的時候到她家裡去探訪，看到家裡的環境真的很糟糕，我那巨蟹座的母性油然而生。我開始每天晚上去探視，帶著食物、衣服去關心她們。看到她們家冰箱空空如也，桌上都是泡麵碗，我把家裡所有的食物都搬過去把冰箱填滿；半夜接到媽媽求救的電話，我立刻衝出門，帶媽媽去掛急診；輔導老師也到醫院，把兩個孩子帶回自己家安頓，我則陪著媽媽吊點滴到半夜，離開醫院後不放心讓她自己在家，我還把她帶回家。我發起募款讓那孩子兩歲遲緩的妹妹去上學；媽媽說找不到工作，我牽著年紀還很小的女兒，一家一家餐廳去問，有沒有缺人；為了媽媽的高血壓，我到附近的診所拜託，讓她去看醫生，我再去結算醫藥費……

要讓一個頻繁換環境又受到重挫的孩子放下心防，真的得花很多心思，才能讓她覺得這個環境是安全的，我想讓她知道，老師是真的關心她，不管發生任何事情，天塌下來都還有我頂著。這孩子沒有存在感，覺得有沒有上學都沒差，我們一邊要求她，一邊鼓勵她，讓她開始在意自己的努力；我會找很多機會讚美她，誇她字寫得好漂亮，給她服務班上的機會，她常常會露出滿口的黃牙，笑得合不攏嘴。她喜歡新奇的文具，我就拿小女生喜歡的文具、鞋子來獎勵她。

我替她申請《蘋果日報》基金會的補助，跟基金會談好把支票寄到學校，讓媽媽定期到學校來領。我請主任要求她，如果讓孩子曠課幾天，就讓支票遲到幾天，這一招果然有效，家庭的功能開始啟動，媽媽死拖活拖也要把她拖來上學。

努力了整整一年，到六年級的時候，她沒有再曠課過。

快畢業的時候，我跟她媽媽聊天，問她之前為什麼都不接我電話，不幫我開門？

她說：「因為我討厭妳，妳一直叫小孩去上學、叫我去上班……」

當下很傻眼，我做了這麼多，她竟然說討厭我……可是後來靜下來想想，我是他們家一個很大的壓力源，要讓一個十幾年都習慣貧窮、習慣接受補助過活的家庭動起來，要讓一個習慣放假兩天、上學一天的孩子每天到學校，不管是媽媽還是孩子，都被我強迫推著前進，討厭我真的是應該的。

我以為努力了對方就會感激涕零，我以為改變了她的習性和惰性，她就會從此往正向發展，因此總想著「我試試看，說不定……」**所有的事情都一樣，只是想像不知道結果，做了才知道能看到什麼；當下錯過了、忽略了，日子一樣過，但是結果截然不同。**

很多事情，沒辦法用度量衡來衡量值不值得，只能用當下的感受來決定。在那兩年，我自認對得起自己的感受和良心，我盡了全力，這樣就夠了。

畢業這麼多年，她沒有回來看過我，沒有傳來一個訊息讓我知道她過得好不好。有時候沒有消息，或許就是好消息。這些辛苦的孩子，面對生活的困苦已經自顧不暇，哪裡還能想起當年那個拚命把她從水裡撈起來的老師呢？

如果重來一次，我的選擇還是一樣的。

CHAPTER

2

你的善意，是孩子的光

我們，不要再聯絡

我遇過很多單親的孩子，有些孩子提起不住在一起的爸爸或媽媽時，心裡滿滿的都是怨懟。

有孩子告訴我：「阿嬤說媽媽是壞女人，她不要我了」；另一個孩子告訴我：「爸爸說媽媽跟人跑了，要我不要再想她」；和外婆住的孩子說：「媽媽說我爸爸是爛人」……各式各樣批判爸爸媽媽的話語從孩子們的口中說出。還有爸爸和阿嬤直接到學校來找我，要求我禁止已離婚的妻子跟孩子見面。

我無法介入孩子的家庭，誰是誰非真的無法分辨，我在乎的是孩子的感受。只能告訴孩子，父母會分開一定有原因的，也許他們之間相處出了狀況，或是本來相愛後來卻發現不適合，那是大人之間的事情，讓大人去處理，不管爸爸媽媽有沒有離婚，他們永遠都是你的爸爸媽媽。

其實他們在轉述大人對離去一方的批判時，除了埋怨，更多的是想念。有個孩子常常告訴我她好想她媽媽，可是爸爸和阿嬤都告訴她媽媽是壞女人，不准跟媽媽聯絡。其實媽媽離開家好幾年了，從來就沒有回來找過她。

她常常告訴我她很想念媽媽，好希望媽媽可以回來。我跟她說，大人之間的事情讓他們自己去處理，我相信妳媽媽一定很想妳很愛妳，妳要好好地專心讀書，等到將來長大了，再去找她。

有一天大家都去上科任課，孩子遲遲就是不離開教室去上課，看她一臉遲疑的表情，我找她來聊聊。才站在我面前，那孩子眼淚就不停地掉。

「老師，我接到媽媽的電話了，她這麼多年來第一次打電話給我。」

「真的呀！那實在太好了，妳一定很開心！」

她突然崩潰大哭，哭喊著說：「老師，媽媽沒有說她想我，只告訴我，從此以後不要去找她，她不會再打電話給我。」

那一瞬間我的喉嚨哽住，說不出任何一句話來安慰她。是什麼樣的原因讓一個媽媽回頭來傷害好幾年不見的孩子？或許是離婚協議沒有談好，或許是夫妻之間的糾葛還沒結束，還是媽媽決定重組一個新的家庭……不管理由是什麼，做父母的都不應該這樣傷害自己的孩子。一個年紀這麼小的孩子就得承受母愛被迫斷絕的痛苦，讓人心疼極了，我擔心這傷痛會影響孩子一輩子。

請不要把孩子當作夫妻之間彼此傷害的籌碼，不要把對對方的怨懟轉嫁到無辜的孩子身上，不要讓孩子對自己最親愛的人怨恨，更不要為了追求另一個幸福，而傷了孩子心裡割捨不掉的那份情感。

如果遇到了不對的人，分開後彼此都能得到更好的幸福，這是值得祝福的，但是在分開時，能不能給孩子做最好的安排？能不能在分開後，讓孩子保有對父母的尊重和親情？

除了緊緊擁抱那孩子，我還能說什麼……

一年只有三季的人

一個班級裡面難免會有家境優渥和家境極為窮困的孩子，貧富差異極大，有的孩子坐著高貴的名車來上學，也有孩子連平日三餐都不繼。

我曾經遇過一個學生家裡非常貧困，單親媽媽身兼兩份工作，要付房租、要養育兩個兒子，還有年邁的父親。在過度操勞之下，這位媽媽得了直腸癌，緊急住院開刀，生活一下子就掉入深淵，沒有人可以協助。

孩子平常就沉默寡言，我看到他的聯絡簿連續幾天沒有簽名，媽媽也沒有接電話，問他媽媽怎麼沒有簽名，才發現住院開刀了，趕緊替這個弱勢家庭申請補助，到醫院去探視孩子的母親，詢問有沒有需要幫忙的地方。

處在這樣經濟狀況極差之下的孩子，因為衣服、外觀看起來髒汙、破舊，課業沒有人協助而成績低落，常會受到排擠和欺負。班上有這樣的孩子，老師的神經得要非常敏感，主動觀察這些孩子的處境，是不是有需要幫助的狀況。同學對待他的態度很重要，只要一忽略那些惡意的對待，這孩子有可能就會成為被霸凌的對象。

那孩子從來不主動提到家境，也從來不告狀、不訴苦，要等他主動來求救實在不太可能。班上的孩子當然不清楚他的真實生活，只注意他的外表和成績表現，他們看到的是他的頭髮和衣服鞋子髒汙，對學習沒有動力、成績極差，作業也常常缺交。

有一次他被班上家境很好的孩子當眾羞辱，說他碰過的東西很髒，面對全班的哄堂大笑，那孩子只是低頭接受，沒有替自己辯護一句。看到這一幕，我立刻當著全班的面要求口出惡言的孩子道歉。我告訴他，他剛剛的態度讓人非常受傷，如果是我的話會很難過。我也教育全班，明知道這句話傷人，跟著一起笑鬧、甚至幫腔，都是殘忍的行為。

事後我把傷人的孩子找來，問他錢是誰賺的？「爸爸媽媽賺的」；衣服、名牌鞋子誰買的？「爸爸媽媽買的」；衣服誰洗的？他說是管家阿姨洗的；飯是誰煮的？「管家阿姨煮的」……

我告訴孩子，你有這麼好的物質條件，受到這麼好的照顧，是因為父母努力工作的結果，該驕傲的是你的父母，不是你。那同學的家境不好，家人沒辦法好好照顧他，他晚上回去得自己煮飯、自己洗衣服，他得用盡全力去照顧自己，你怎麼捨得去欺負一個過得這麼辛苦的同學呢？你有這麼好的環境，真的應該要好好想一想，珍惜自己擁有的，也去同理別人的不足。能力越強的人，責任越重，應該要努力用你的能力去幫助同學，而不是用這些父母給你的環境和能力去欺負人。老師相信，只要你願意釋出善意，主動關心他，一定能影響其他同學一起來友善地對待他。

有些家境很好的孩子，父母會適時地教育孩子去關懷身邊的人。可是有些父母從小生活在優渥環境裡，沒辦法理解家境窮困的孩子過的是什麼生活。

我以前總覺得生活優渥的人很高傲，但是後來看到一個短片，讓我的觀念大大地改變。它說我們所處的環境有四季的變化，但是有些人所居住的地方只有三個、甚至兩個季節，對於沒有遇過的季節，真的無從感受和體會。就如住在赤道的人，應該很難理解南極和北極的寒冷。所以我不怪這些在無憂無慮的環境下長大的孩子，他們沒有機會體會生活的辛苦，沒辦法想像沒有人幫忙洗衣服、得自己準備三餐、交不出午餐錢的窘境。

慶幸的是，我遇到的孩子和家長都很棒，提醒過幾次以後，真的可以看到孩子們的態度有明顯的改變，這些孩子的家長也都能接受我對孩子的機會教育。

外表、說話方式、家境、交友、成績、身體上的特殊毛病……只要有人看不順眼，只要有人不喜歡，芝麻綠豆大的事情都可以變成孩子被霸凌的原因。**有時孩子們真的不壞，只是覺得好玩，只是忠於自己的感受，這些都需要大人們的協助。**

帶著孩子去理解、接納和幫助與自己不一樣的人，而不是把跟他們不一樣

的事物都排除在外。孩子可以是惡魔，也可以是天使，端看大人如何引導，以及如何示範面對「和別人不一樣」的態度。

人際關係大考驗

我從小就不是人緣好的孩子，個性黑白分明、嫉惡如仇，不用別人排擠我，我就已經自動篩掉一大半跟我磁場不合的同學，剩下的一半也不見得喜歡我；跟我有交集的，只剩下跟我特別好，或是跟誰都好的同學。

身邊的朋友不多，平時覺得很自在，但是在分組的時候，就會知道人緣不好的痛苦了。只要遇到分組，就是考驗孩子們人際關係的時刻，很容易看出誰在團體中是最受歡迎和不受歡迎的。

記得有一屆，班上進行畢業旅行的分組，一組六個人，坐遊覽車時有孩子被分配到不喜歡的同學，竟然難過得哭了！後來全班決定用抽籤的，沒想到抽到那個同學的人也哭了。

可以讓被分配、抽到的同學都哭了，這件事非同小可。隔天，我把孩子找來，詢問她知不知道其他人不願意跟她一起坐的原因？她說了好幾個自己的缺點，這些之前就有同學跟她說過了。

我問她：「那妳有改進嗎？」

她說：「我還在想辦法改。」

我認為一個學生受到其他同學的排擠，全班的孩子都應該要進行再教育，被排擠的人也可以藉此反省自己不受歡迎的理由。如果只是怪同學排擠她、怪四周環境不友善，這樣的狀況升上國中之後一定會更為明顯。

其實平時孩子的人際關係並沒有那麼差，只是在一個小團體中，大家都想跟自己最要好的朋友坐在一起，沒抽到好朋友的失望我懂，但抽到不喜歡的同學就淚流滿面的學生也要想一想，這樣的情緒反應，是否會當眾讓對方難堪。既然決定抽籤，就應該要為自己抽到的結果負責，不能只想到自己的心情，也要顧慮到對方的感受。

我跟全班的孩子說，在分組的時候找不到伴，是一件令人恐慌的事，既然是同班同學，就應該要想辦法解決這樣的問題。兩天的畢業旅行，有許多分組的機會，如果擺不平的話，可以用輪流的方式，坐遊覽車、睡覺、排隊、玩遊樂設施……都可以跟不同的同學結伴而行，只有六個人，應該很好解決才是，而不是讓一個同學如此難過，甚至難堪。

我要孩子們設身處地去想，如果是自己面臨這樣的場面，那會有多麼絕望？跟全班的孩子討論完後，我還是交由同組的孩子去開會決定，終於有了圓滿的結果，後來畢業旅行的過程中，也完全看不出這孩子有被排擠的現象。

孩子的想法、孩子的行為，單純又直接，也深受周遭的大人們所影響，所以看見問題時，引導孩子去思考並想辦法解決，是最重要的。小事不處理，等到嚴重的霸凌發生時再來處罰施暴的孩子，和小時候不教，等到孩子長大才來怪罪教育失敗一樣，都為時已晚。老師如果能夠及早發現問題，幫孩子想辦法解決，就可以讓他脫離痛苦。別讓孩子們的快樂出遊，變成一輩子的夢魘。

很多孩子無法理解，為什麼就是找不到朋友？不知道要如何跟同學相處？怎樣才能讓自己人緣變好？我很喜歡坐在教室裡看孩子們的互動，有很多孩子在我面前很乖巧，可是下課時對著同學，他們的表情和動作會說明一切；有些孩子下課時總是坐在座位上，不知道要跟誰一起玩耍；有的孩子喜歡動手動腳，說沒兩句話就推人、打人；有的孩子很在意別人的指責，卻老是針對同學的缺點罵……

我常常會把孩子叫來身邊聊天，談談他的習慣、我看到的狀況，還有他的行為給別人的感受，我們會討論為什麼他的人緣不好，讓他知道自己的問題在哪裡，也會聊聊那些人緣好的同學有哪些特質。

更重要的是營造一個班級的氛圍，我要讓全部的孩子都知道，有很多不受歡迎的同學，背後的因素很多時候不是他自己能夠控制的，即使你不喜歡某位同學，也要尊重他，更不能慫恿別人一起討厭他，如果可以伸手拉同學一把，那就太棒了。

我一直認為來上學最重要的就是學習與人相處，成績好不好是一回事，懂得為人處事的方法，以後做任何事都能很順利。班級經營是我花費最多心思和時間的課題，人際關係真的是一門很難的學問呀！

孩子為什麼打人？

有個媽媽告訴我，她念低年級的孩子常常會去碰觸或撞到同學，有時同學認定是故意，也有同學覺得被打，頻繁地告狀，讓老師不勝其擾。老師處理的方式是問全班有被打過的舉手，有被打過的孩子，全部都可以去打這孩子，結果那一節課，孩子被全班的同學都打了一下。

看到這孩子被全班打，我的心都揪成一團了，更別說是父母了。

媽媽問我怎麼辦？

如果是我班上的孩子，我會去觀察這孩子的人緣是不是不好？也許他很想跟同學一起玩耍，可是同學不理他，這時候他就會用自己的方式去引起同學注意，肢體的碰觸是最快的，就像小嬰兒不懂得表達，哭是最直接的方式一樣。

我看到的，是這個孩子的無助，是想要有朋友的渴望。如果在我的班上，我會強化他的優點，讓他有機會來幫我的忙，教他跟朋友玩的方式，告訴他需要改進的地方是哪些。

我會在他不在的時候告訴其他孩子，他很喜歡你們，但是他不知道要怎麼跟你們玩；他不是惡意的，你們可以找他一起玩，告訴他遊戲的規則，還會找幾個人緣好的學生帶著他一起玩。想辦法建立起這個孩子的自信，讓他懂得如何與同學相處，這樣他就不會用不正確的方式去接近同學。

有狀況的孩子，就是需要幫忙的孩子，沒有人想故意犯錯、沒有人想要被處罰、沒有人想要學不會，甚至成為眾矢之的。每個犯錯的孩子，行為背後都有它的意義，如果願意在下課時間，靜下來看他和同學相處的模式，很快就能知道為什麼。

我通常都在學校處理孩子的狀況，很多動作孩子在家裡是不會有的，在學校和同學相處時才會發生，直接跟孩子的父母告狀或是責怪父母，會讓父母很無助，此時能夠發現孩子的問題，想辦法幫助孩子的就只有老師了，不妨了解狀況後再跟父母討論如何幫助這孩子。

如果這孩子還是照打同學不誤，我會讓他在我身邊一個下午，相信我！這是孩子最不願意接受的處罰。當老師要全班學生打這孩子，其他孩子會對這孩子的接觸變得敏感，動輒得咎，即使不小心碰觸，也會覺得被打而去告狀，結果老師有處理不完的客訴，也會常常因為他生氣，讓這孩子感到羞愧和痛苦，性格變得更退縮。有的孩子不知道要如何跟同學接近，覺得老師、同學都討厭他，變得更暴力。

當孩子出現看似惡意的行為時，背後一定有需要探究的原因，看見孩子的需要、教導他們與人相處的正確方法、進而交到朋友，才能真正解決孩子之間不斷發生的衝突。

那些日常小事累積而成的人生態度

很多朋友知道學校有家境不好的孩子，所以會定期拿一些舊衣服給我，給了這些孩子和家庭很大的幫助。這次有位朋友說要拿舊衣服給我，我婉拒了，因為之前她給的那些不適合的衣服還堆在教室裡，沒有時間處理。

我委婉地告訴她不用麻煩了，孩子們的衣服都還夠。她說一點都不麻煩，只要打開衣櫥，把不要的都丟進袋子裡就好了。

我聽到更不想拿了，告訴她真的不需要，可是她還是送來了兩大袋的衣服。

她說：「妳選一選呀！喜歡的給妳家妹妹，不喜歡的就給妳的學生挑，挑剩不要的就丟了！」

打開袋子一看，不成對的破襪子、鬆垮的內衣、髒汙的運動上衣，全部混雜在一起，還有兩雙已經破洞的髒鞋子……我實在連翻都不想再翻，整袋拿去丟掉。

我其實好想問問她，如果她收到這樣的衣物，願意給自己的孩子穿嗎？把衣櫥清出來不要的東西，全丟進垃圾袋再送給別人，我只是協助整理和轉送，都覺得不舒服，如果整袋讓孩子帶回去，那孩子和家人會有什麼感覺？

上次募集二手衣時，我提醒網友一定要挑選和清洗過後再寄出，有毛球的、變形的就別寄了。有位網友看到我這樣寫，非常不高興，說我怎麼可以寵壞孩子？家境貧困竟然還挑三揀四？我告訴網友，即使家境窮困，孩子也不需要穿這種衣服，孩子就是孩子，讓他們從二手衣中挑選喜歡的，很過分嗎？

之前在粉絲團發起募集鞋子去非洲的活動，我已經事先說明適合的鞋款，叮嚀大家在非洲穿不到高跟鞋、靴子，可是收到的鞋子令人傻眼，細跟高跟鞋、厚重的毛靴、雪靴……真的什麼都有，結果花了很多時間在整理。

如果我們在送出東西之前，能想一下對方的感受，是不是能讓事情更圓滿？

我在每學期一開始會帶著孩子們，把一箱一箱朋友寄來的二手衣，慢慢拆開來。有一次收到一位朋友寄來的包裹，一打開箱子，是一股舒服的香味，映入眼簾的，是一件件乾淨、摺疊整齊的衣褲，每一件的狀況都好極了。

我看得出班上那低收入家庭的孩子很開心，他一邊在身上比著，一邊說著：「哇～是羽絨衣！寒流來的時候我就不怕冷了！」

「這件要等明年夏天才能穿了！」

「這件太小了，可能要給其他中年級的小孩……」

「好香、好好聞！」

我告訴孩子，這位叔叔從他兒子的衣櫃中把狀況好的衣服挑出來，每一件都洗乾淨、疊整齊，還分裝在三箱裡寄來，沒有因為是要給小孩就隨便，或把他自己不喜歡的東西寄來，看得出來每一件的狀況都很好，連鞋子都擦拭得很乾淨。

孩子的臉上露出笑容，要我跟叔叔說謝謝。

我說：「以後你們有能力，也要像這個叔叔一樣，幫助別人的時候，表現出誠意、細心和貼心。」

收過很多二手衣，有些用垃圾袋裝著，裡面夾雜著破內衣、破襪子，有些是變形變黃可以直接當抹布的髒衣服，有時還會有垃圾包在一起就直接送來了，也有鞋子連底都有些脫落，邊緣破舊又骯髒，就這樣跟衣服混在一起。

大家都是好意，但是隨口的一句：「如果妳不要就幫我丟了！」還有人說：「妳可以挑一下給妳女兒，剩下不要的可以給貧困的學生……」真的很對不起，脾氣很壞的我，直接整袋就丟了，我怎麼可能把挑剩的東西送給我的學生？

「施比受有福」，當我們有能力幫助別人時，應該懷著感恩的心，而不是施捨的態度。人的高度，不是取決於貧富差異，而是在待人處事的態度。那些在小事上用心的人，往往讓人由衷地佩服和尊敬。事實上，生活就是一門課，我們做的每一件事，孩子全部都看在眼裡，等於無形之中給孩子們上了寶貴的一課。所以，做父母的要以身作則，教導孩子付出時要懂得尊重，也要用心留意他人的感受。

別教孩子忍耐

孩子上科任課上到一半回到教室來，告訴我他想上廁所，匆匆忙忙地拿了衛生紙就往廁所衝，上完廁所後我要他回科任教室去繼續上課，沒想到一下課孩子就哭著回教室來。

我問他怎麼了？他說老師當著全班的面說：「大便男回來了！」聽到老師這樣說，全班哄堂大笑，他覺得很難過，可是又不能做什麼。那老師很喜歡替孩子取綽號，讓全班孩子因為他自以為的幽默笑成一團，卻忽略了成為大家嘲笑焦點的孩子心裡的感受。

這老師總是被家長申訴，只要聽到又有申訴案件，大家就會說：「沒辦法，他就是這樣啊！」最後是主任打電話給家長不斷道歉，行政單位出面替他緩頰，替他擦屁股，深怕事情更加嚴重。而這位始作俑者不需要面對憤怒的家長，依舊我行我素，沒有人拿他有辦法。

女兒被他剝奪受教權的時候，大家也告訴我，那只是教學不力、教學生沒方法。當一個老師在教育崗位待了十七年卻沒有方法教孩子，他的教學不力豈是一朝一夕的事？這時校方應該去要求他、教育他或是處置他，而不是留給學生和家長去承擔。

我曾經問過一個主任：「如果這老師當了導師，你的孩子在他班上，你會怎麼辦？」

主任毫不猶豫地說：「我會幫孩子轉學。」

連自己的孩子都不願意讓這位老師教，為何要讓其他孩子承受苦果呢？

我家兒子高一的老師，每天一進教室就是罵人，罵孩子功課爛，要沒交功課的孩子申請低收補助，要求垃圾桶要清空，一天要換六個垃圾袋……當行政單位聽到這些敘述時，一點也不訝異，只說：「這個老師就是機車、任性，用老派的方式在對待孩子……」我問校長，知道他用不正確的方式帶一個班級，為什麼還把這群血氣方剛的體育班孩子交給他？而當我忍不住在群組裡面請老師不要再怒罵學生、用言語羞辱孩子，還有家長勸我：「反正老師很少進教室，到哪裡都會遇到爛同事、爛上司，叫孩子忍一忍，三年很快就過去了。」

當每個人鄉愿得只想當爛好人，卻沒有人敢承擔責任去面對問題、替孩子解決難題，教育就會像是賭博一樣，遇到爛老師算自己倒楣，孩子只能逆來順受。

在大家都不吭聲的環境裡，只有我生氣，只有我受不了，還得承受不顧同事情誼、不尊重老師的壓力，有時真的覺得很孤單，為什麼大家的接受度都這麼高，只有我無法容忍？我們的孩子真的需要這樣的管教和對待嗎？

我們都教孩子應該要有道德勇氣，在該說實話的時候要說出口，遇到同學有難時挺身而出，可是我們自己有沒有在孩子遇到不合理的對待的時候，為他們發聲過？孩子的成長只有一次，這段過程對他們的人格養成有很大的影響，倘若連做師長的都不能分辨是非，那我們能教育孩子什麼？

我們當大人的不堅強，誰來替孩子勇敢？當環境不合理的時候，我們應該要鼓起勇氣為孩子奮戰，為孩子爭取他們應有的對待，別讓孩子的學習只剩下忍耐。

保持安全界線

在課堂上跟孩子們談到人與人之間的「界限」，很多孩子會因為信任身邊的人，卻忘了保持該有的界線和分寸。像是之前有孩子跟前任的替代役哥哥非常要好，看到替代役哥哥會直接跳到他的背上、勾著他的手；還有學生上游泳課時玩到跳到教練背上，下課後跟教練互留電話和Facebook；戶外教學時有孩子會纏著帶隊的帥氣大哥哥，整段旅程黏緊緊……還有孩子反映家裡的哥哥和爸爸，會有意無意地出現侵擾動作。

孩子們單純的信任，在我的眼裡看起來都很讓人擔心，只要該有的界線沒有劃出來，就很可能會擦槍走火。

國一的時候我是桌球校隊，跟國三的學長們很熟，很多學長都把我當妹妹看待，對我非常好。升上國二之後，學長們畢業了，沒有機會再見面。有一次我遇到一個之前很熟的學長，聊了一下，他說要找幾個學長姐一起去看電影，約好下個星期天碰面。

我很開心可以跟學長們見面，到了約好的地方，卻只看到那個學長，他說其他人會晚一點來，要我跟他到樓上去等。不疑有他，我就上樓了，沒想到學長關上門後突然撲上來，眼神變得很陌生、很可怕……我嚇得一直尖叫、一直推著他，但是完全推不動，於是開始哭了起來，此時學長的動作才停下來，我趕快拿了包包，一路哭著、顫抖著走回家。

在那個《健康教育》第十四課用自習方式帶過的保守年代，我從來沒想過會發生這樣的事情，也不懂高中男生心裡想的是什麼。那幾年我避免經過那個地方，學長的眼神讓我到現在想到都覺得害怕，有時做夢還會夢到那種無法掙脫的感覺……還好留下的只有噩夢，沒有遺憾。

克服恐懼唯一的方法，就是去面對恐懼。帶每一屆學生時，我都會說一次這個自己差點被強暴的經驗，教導孩子們保護自己，別輕易地相信別人、別單獨赴約、別以為對方想的都跟自己一樣。

每次講到這個故事，孩子們都睜大眼睛地聽著，沒想到有人敢欺負兇惡的沈老師。

現在的孩子經常掛在網路上，網路交友是司空見慣的事，聊了一陣子就覺得跟對方很熟，以為對方可以信任，只要遇上一個有目的的人，遺憾很可能就會發生。

避免不幸的發生，就是平時多加教育，讓孩子了解身體的界線，知道保護自己的方法。在孩子上游泳課和戶外教學之前，我一定再三叮嚀對教練和大哥哥要維持禮貌和距離，也要求教練和戶外教學的領隊絕對不可以跟孩子互留聯絡方式。**身為大人，我們要提醒孩子擁有身體的自主權，告訴孩子們這世界上有他們想像不到的危機和陷阱，只要有不舒服的狀況發生，一定要向外求助，告訴老師或父母。**

我也在課堂上播放了韓國電影《素媛》精華版給孩子們看，他們看完以後，對於那孩子受到的傷害非常震驚，頓時靜默無聲。

接下來，我們討論要怎樣避免受到這樣的傷害？她在什麼情況下被抓走？當時路上空蕩蕩的都沒有人，所以要避免太早到學校、要結伴同行、放學後不要回學校拿東西、晚上盡量不要到黑暗偏僻的地方、遇到壞人的時候大聲呼救，如果旁邊有店家就進去求救……預防悲劇的發生。

小惡魔也能變天使

孩子一到學校就因為一點小事情緒爆炸，一整天狀況不斷，好像要跟我拚命似的，請他過來態度很差，我的情緒也跟著波動了起來，都快跟他一起炸鍋了！

我跟他的媽媽私訊，告訴她孩子一整天的狀況，也問問媽媽知不知道他怎麼了？

「是沒睡飽、糖果吃太多、假日玩得太疲累，還是有讓他傷心或氣憤的事情發生？」

媽媽說可能是前一天太晚睡、沒睡飽造成的，連聲道歉，說他們一家人聊著聊著，就忘了時間。

我請媽媽讓他早點上床睡覺，至少排除這個因素，其他的狀況再想辦法調整。

隔天，這個前一天像惡魔的小孩，一整天都表現得像天使一樣。他說前一天晚上九點半就睡了，雖然上課還是無法精神專注，手上不斷把玩著玩具，可是老師說話他都會聽，至少情緒是穩定的，干擾到別人時，提醒他之後，態度都很配合。

那天體育課是他最不愛的八百公尺跑走，才聽到要跑八百公尺，他索性連操都不願意做了。我跟他商量用走的就好，他說好累；不然走兩百公尺就好，他說不要，同學們都幾乎跑完八百公尺了，他還在跟我拗，我堅持要他走，他竟然就坐在地上哭了起來，說他很累走不動……等他哭得差不多了，情緒穩定些，我和幾個同學連哄帶騙地帶著他一邊看路邊的蝴蝶一邊走，竟然把八百公尺給走完了。

這天又要跑八百公尺，我很擔心他又生氣，結果孩子們一進教室就告訴我，「老師，他超棒的！他的八百公尺跑走進步了四分鐘！」

我想起上次光是陪他走完一百公尺就像要他的命一樣，這次竟然可以順利完成，而且全力以赴，因此大大地讚賞他，送了他四塊餅乾當作進步獎。

「老師好愛這幾天講道理的天使小碩！老師好喜歡你滿臉笑容的樣子！真希望每天都可以看到天使小碩。今天一定要睡飽飽，明天也要這麼可愛，好嗎？」

看到他一副想裝大人又靦腆的模樣，我告訴媽媽：「他其實還是個孩子，很多狀況不是故意的，很多情緒不是他能控制的，先天的因素更不是他自己能排除的。我們一起找出問題，以及與他和平共處的方式。在他有好表現時讚美他，在他陷入低潮時理解他，在他脾氣暴躁的時候不要跟他一起起舞，趁他情緒穩定時鼓勵他。」

在班上，每天遇到這些陰晴不定的孩子，常常需要深呼吸，有時還得把手邊的工作停下來，想清楚問題的原因和解決方法；有時覺得很累，可是看到孩子可以情緒穩定一整天，真的很開心。

只要親師合作，沒有帶不來的孩子。

想到連假後要面對一群已經玩瘋、沒睡飽、很想請假的「歡必霸」的孩子，今晚我一定要睡飽飽，明天等著跟他們奮戰哩！

你的優點我看見了

他轉學到我們班上的時候，其實我有點擔心，看著註冊組組長遞給我的資料是一連串落落長的紀錄，那時班上還有好幾個特殊生需要照顧，我很怕自己分身乏術……

在前一個學校老師的紀錄中，他像個無惡不作的壞孩子，說謊、勒索、威脅、缺交功課、翹課、逃學……但是再看他的家庭背景，我很訝異一個孩子竟然承擔了這麼多一般孩子不需要面對的狀況。

或許是自我保護機制作祟，一進教室，他就張開雙腿斜躺在椅子上，斜著眼看著我，我直直地看著他，堅定地說：「腳要伸進去坐正，看人要直視。」

站在我面前的時候，他的三七步架式十足，我也是直視著告訴他：「站要站好。」不帶任何情緒。

我三不五時找他來聊聊，問他：「在前一個學校上課上到哪裡？現在的課程聽得懂嗎？有沒有需要老師幫忙的地方？」需要送東西到辦公室時，我會找個同學帶著他，告訴他：「這個文件我想送去教務處，可以請你幫忙嗎？」

我們聊了很多，就是沒提過他過去的那些紀錄。其實他的個性很活潑、好動，但是剛轉來有點害羞，我請班上人緣最好的男同學打球時揪他一起去，很快地，他就跟班上的男生打成了一片。

我常常拜託他幫忙照顧特殊生，上科任課鐘響，我看到他從一樓衝上來，氣喘吁吁地站在特殊生旁邊說：「走，我們去上課！」

知道他從小缺乏家庭照顧，父母都不在身邊，我常常帶點心給他，噁心地跟他說：「老師最喜歡你了！」

他也常跟我開玩笑，說全班他最帥氣！

我說：「對啦～～你最帥啦！」

有一次他考英文單字作弊，我趁大家都去上科任課時把他留下來，看著他的眼睛，握著他的手，說：「你知道老師有多喜歡你，老師在意的不是一百分，只要你努力過，考幾分我都很開心，但是我不想要看你用這樣的方式得到一百分，我真的相信你背得起來。」

看到他流淚，我清楚他知道我是真的關心他、在乎他，讓我訝異的，這孩子在我班上，從來就沒有之前紀錄上的那些狀況。這一年多來，他是我照顧特殊生的最佳幫手，是我上課時的開心果，他那無厘頭的自誇，常常惹得全班哄堂大笑，也讓我一邊翻白眼、一邊笑到肚子痛。

我知道他渴望被關愛、被需要，也知道他想要被重視、被肯定，所以對於他想引起大家注意的表現，只要不太誇張、影響上課，我是不太在意的。我只告訴他，不是每個老師都喜歡開玩笑，在科任課的時候要收斂一點，不要惹老師生氣了。

他也真的收放自如，科任課很乖巧，上我的課又開始耍寶。尤其是國語課大家上到昏昏欲睡的時候，他天外飛來的一句話，常常讓正在打盹的同學都笑到醒了。

這孩子畢業好幾年了，偶爾還是會傳訊息來跟我聊天，向我訴說念書的辛苦、對於未來的期待，那天他突然傳了一句話給我：「老師，妳是我一輩子都忘不了的老師。」我的眼眶頓時濕了，彷彿過去的一切努力都值得了。

我們不能選擇生長的家庭，以及自己的天分。有時候在一個環境裡陷入困境，不管怎麼努力都改變不了別人對待你的態度，不管做什麼大家都覺得你就是廢物，連自己都想要放棄自己……會是多麼令人灰心又沮喪的事。身為老師的你，**如果願意拋開他人的評價，重新審視孩子的優點，他的生命風景也許從此截然不同。**

「我討厭妳」又何妨

孩子眼眶泛紅地跟我說那個男生看見另外兩個女生在筆記本上寫著「討厭×××（自己的名字）……」

我問她：「那本簿子有沒有被大家傳著看？她們有沒有罵妳？有沒有做什麼動作讓妳不舒服？有沒有找別人一起討厭妳、不理妳？」

她搖搖頭。

「如果都沒有的話，老師尊重她們。」

頓時，她的眼睛張得好大。

「老師問妳，在上次老師罵妳的時候，妳會不會跟好朋友抱怨，說老師好討厭？說老師好機車？」我又問她。

「那就是好朋友之間聊天、抱怨、互相安慰的一種方式，也像是交換日記。既然是日記，內容為什麼需要被公開或指責？反而是去偷看那本交換日記，又到處傳內容的人不應該。

「妳喜歡所有的人嗎？也有討厭的人對嗎？只是沒有寫下來而已。既然我們不會喜歡所有人，所以也不會讓所有人喜歡。如果妳很在意她們，如果妳覺得很多人不喜歡妳，那就想想看為什麼她們不喜歡妳。如果覺得她們有道理、覺得很在意，妳就修正；覺得她們不喜歡妳的理由很奇怪，那就做妳自己。

「就像有一朵花很香，就是有人討厭它的香味；有個歌手很可愛，就是有人覺得她很幼稚。討厭老師的人好多呀！如果老師像妳一樣，被兩個人討厭就哭，那我應該整天都在哭。

「別難過，至少老師很喜歡妳。如果因為她們在日記上寫了不喜歡妳，老師就罵她們，妳覺得她們會因為這樣喜歡妳嗎？如果她們有任何排擠妳或傷害妳的行為，妳可以來告訴我，我一定會處理，這樣好不好？」

女學生聽了之後，破涕為笑。

高年級的女生心思細膩，一不注意班上就會開始分派系，對於這個部分處理得要非常小心，還好學生願意來告訴我，而不是另組小團體來對抗，這也提醒了我要更加注意孩子之間的互動。

我也提醒全班的孩子，你們有自己的感受，可以不喜歡一個人，我尊重你們每個人的感覺，而你們也要尊重被你討厭的人，不能攻擊他，更不能揪眾討厭他、排擠他，因為我們也不喜歡別人這樣對待自己。

我們沒辦法讓所有人認同和喜歡，沒有辦法取悅所有的人，因此我們都要具備被討厭的勇氣；有的時候被討厭，不是自己做錯什麼，只是別人看不順眼而已，如果是這樣，又何必在意呢？

你不必討好所有人，也不必因為別人討厭你而生氣難過，但是學習跟討厭自己、被自己討厭的人相處，是人生中很重要的課題。

貶低別人，不會讓你更偉大

有孩子來跟我說，從上學期開始，有個男生就常常會用「bitch」來罵她們。我一問，好多人都被罵，沒有人反映的結果，是更多男生也跟著用這樣不堪入耳的話來罵女生。

我問這些被罵的同學，為什麼當下不告訴我？有人說他很兇，有人覺得那就是他的口頭禪，還有人覺得被罵習慣了，無所謂。

我們花了半節課的時間，討論這件事。我問孩子：「bitch這個單字的意思你們懂嗎？它有很多的意義：妓女、潑婦、母狗、下賤……我相信你們都知道它的意思，不然不會選這個字。到底同學跟你有什麼深仇大恨，需要用這樣的字眼來罵人？不是用英文罵人就很有水準，你也喜歡別人用這個字罵你嗎？你能接受你的媽媽或姐妹被人用這個字罵嗎？你生氣就可以用這個字來罵人，那老師生氣，也可以用這個字來罵你嗎？」

沒有人喜歡被辱罵、感受屈辱，當你用這麼糟糕的字眼來罵人的時候，旁邊的人看到的不是被罵的人很丟臉，而是鄙視你的尖酸刻薄、不留情面。**貶低別人，不會讓自己顯得更厲害，反而會讓人看不起。**

沒有人應該被這樣辱罵，那你被罵的時候能做什麼？我們從現在開始練習，當對方辱罵你的時候，告訴他這樣的說法讓人不舒服，請他道歉；你也可以告訴老師，讓老師來制止他這樣惡意的行為。最糟糕的就是什麼也不做，只是接受。忍辱吞聲，並不會讓惡意的攻擊停止，只會讓他變本加厲，覺得罵人沒有關係，讓其他人有樣學樣。我們都要學會去面對惡意相向，尤其是身邊的同學看到這樣的狀況時，應該伸出援手，想辦法停止，不讓惡意擴大、蔓延，也不要跟著一起起鬨。學會管好自己的嘴巴，不用言語和行動傷害任何人。

我告訴學生，只要有人用不堪的字眼來辱罵你、幫你取綽號，你一定要來告訴我，我會讓他停止。我要孩子在日記上寫下，我不接受任意的辱罵，也不去辱罵別人，要他們記住保護自己和尊重別人的重要。

我們沒有理由讓孩子在受到惡意對待時，只能姑息加害者。而是教育孩子面對傷害時使用正確的方法，終結惡行。

環境改變，孩子也會改變

男孩好動、坐不住又個性衝動，上課常常會有動作，影響到其他同學；被同學責罵、討厭、跟同學起衝突的狀況層出不窮。

因為他的躁動，干擾了同學的學習，我們的課程常常因為他而中斷。我和男孩媽媽常常聯絡，討論如何改變他的行為，媽媽也非常配合，在家裡努力執行我們討論出來的方法，不斷地教育和提醒孩子。

我們都一直執著於改變孩子的行為，可是常常落入無法改變的負面情緒，相同的事情還是一再發生。我跟媽媽苦思良久、嘗試各種可能性後，對於孩子的行為還是常常感到挫敗，是不是只能靠藥物來協助了？

因為這孩子會嚴重干擾旁邊同學的狀況，我每個禮拜讓孩子們換位子，但是坐他身邊的同學總是忍不住來告狀和抱怨。有一天全班抽籤換位置後，一整個禮拜都沒有人來打小報告，他也沒發脾氣，我仔細觀察他和旁邊同學的互動，想知道讓這孩子情緒穩定下來的原因。

抽到他旁邊座位的女生，是一個各方面都表現優秀的孩子，代表學校去參加各項語文競賽，也參與球隊的體育競賽，最重要的是情緒很穩定，專注力非常強。上課時對他的各種動作不會有情緒上的反應，但是會給予適當的提醒；在他有更誇張的行為出現之前，那女生會輕聲地制止他；在他上課時忘我地玩起文具時，只見那女生轉過頭說：「放下。」那孩子立刻把手中的東西放在桌上；大家都在抄筆記時，女孩會告訴他：「抄！」提醒他專心上課、翻開課本；在他快要生氣的時候，那女生會口氣堅定但情緒穩定地提醒他，而不是用咒罵或反感的態度來糾正他。沒想到他對於這樣的方式很能接受。

過動的孩子提取訊息的能力很差，我知道他的情緒常常會失控，所以避免太過頻繁地提醒，總是耐著性子忍住氣，希望降低提醒他的頻率。也因為經常處在壓抑的情緒下，忍不住時會連珠炮地碎唸著，只是，他看到我的情緒激動，卻無法知道當下該做什麼，找不到原本要提醒他的重點。沒想到這女孩可以輕輕鬆鬆地與他相處，保持情緒的穩定、下達簡短的指令，就能讓他清楚了解當下該做的事。

換了位子之後，原本容易跟他起衝突的男同學都沒有跟他坐在一起，他只需要處理自己的情緒和不專注的問題就好，不用多花幾倍的力氣去和同學對抗、反擊，狀況逐漸穩定，整個班級的氛圍也完全不一樣了！

我很感謝這個女生，跟她的媽媽誇獎她的包容力和態度，也請媽媽幫我注意孩子的感受，如果覺得上課被干擾或是不開心，一定要告訴我。我也跟男孩的媽媽分享，我們找到了幫助孩子的方法，請媽媽回家誇獎孩子最近的好表現，我們一起給他正能量，讓他可以覺察到自己的改變。

我喜歡以朋友的方式跟特殊孩子的媽媽互動，希望透過正向的、善意的溝通，讓孩子獲得最好的照顧和引導。在遇到困難時，能有站在同一陣線的隊友討論，而不是孤軍奮戰，甚至需要跟自己的孩子和父母對戰。

很多時候，不是孩子不願意改變，而是我們沒有找到對的方法。我們是大人，應該有能力想出更好的辦法，千萬別把問題丟給為自己的特殊深深困擾的孩子。老師跟家長是最佳的教育合夥人，我們的目標、方向一致，孩子才能擁有更好的成長環境。

我的孩子被排擠

朋友傳私訊問我：「孩子被排擠怎麼辦？」看到私訊的內容，真的讓人好難受。

霸凌的同學在班級Line群組裡讓全班投票，選了朋友的孩子成為討厭王。大家在群組裡面對他冷嘲熱諷，幾個同學針對他一直罵，就連平時上課也是極盡排擠之能事，甚至會惡作劇來羞辱他。

在高年級組小圈圈是一定會有的，有不喜歡的同學也是正常的，但是我一直提醒孩子們，不可以因為自己不喜歡一個同學，就要求或影響其他人也不要喜歡他，我們都不喜歡被排擠、討厭的感受。

孩子們很常做的，就是問同學：「你會不會討厭×××？」問的時候，夾雜了自己的喜好和情緒，影響了同學們的回答，讓討厭的感覺逐漸擴大，詢問的同學受到認同，態度就會變本加厲，覺得自己做的事情是對的。

有的時候被討厭的孩子並沒有犯任何錯，只是讓某個孩子看不順眼，如果大人、老師不制止，最後就會變成霸凌。

我要孩子們不要去問別人討厭誰，也不可以傳紙條討論誰怎樣，更不能在任何網路或群組裡批評別人，我們都不想成為紙條上、私訊裡的主角，為什麼可以讓別人成為被公幹的對象？

我知道班上有幾個孩子失和，那天我問其中一個孩子：「孩子，你還好嗎？老師知道你們不開心，但是目前為止，我知道的好像還好，你們就是不講話而已，對嗎？如果有讓你難過或受傷的狀況，讓我知道，我會介入處理，好嗎？」

我對雙方都一視同仁，如果只是一時生活上的摩擦，沒有深仇大恨，相信孩子們很快就能和好如初。

在求學時代，比起課業，人際關係的處理更重要；只要一不小心，原本該是人生中最單純的階段，就會變成噩夢一場。老師處理問題的態度影響很大，一旦漠視的話就會讓事情惡化。因此，老師能做的是觀察孩子之間的變化，還有制止惡意排擠的行為發生。

我也告訴向我求助的朋友，在孩子受到排擠時，即時跟老師反映，一起思考被討厭的原因，並且教導孩子受到霸凌時，勇敢正向的處理方式；**別認為自己的孩子做錯事才被討厭，更別教孩子受到惡意對待時只能忍耐，要和孩子一起想辦法，讓傷害停止。**

沒有人應該被惡待

那年我家妹妹第一次拿到中度身心障礙手冊，為了帶她去就醫和復健，到處奔走，所有基隆、台北各大醫院、各大名醫，我們幾乎都看過。

在我最混亂的時候，正好遇上生平第一次帶中度自閉的孩子。他當時剛升上五年級，換了新的教室、同學和老師，讓對環境變動非常敏感的他非常痛苦和焦慮，原本乖巧又守規矩的他變得易怒、躁動，上課時常常會甩手、口裡唸唸有辭，甩到後來還會生氣和尖叫。

剛開始我以為是我沒有把老師的威嚴建立起來，對他太過溫柔，所以更加嚴厲，只要他有不好的行為就是處罰。他常常一邊被處罰，一邊哭泣，眼神中充滿了怨恨。

嚴格的管理和處罰並沒有改善他的行為，暴怒、尖叫的狀況越來越嚴重。班上的孩子看到他常被我處罰，看我的眼神也開始變得奇怪。

我跟孩子的媽媽說，處罰對他的行為沒有幫助，我錄一段影片讓她和治療師看，他到底怎麼了？媽媽看了才驚覺事態嚴重，沒想到孩子升上五年級後，在學校的狀況跟以前完全不同。後來媽媽帶他去看醫生，才知道他腦部不正常放電，由於身體極不舒服讓他頻繁地尖叫、暴怒，醫生開了藥讓他服用。

他的躁動一定會影響班上的孩子，大部分的孩子因為中、低年級曾經跟他同班，都了解他的狀況，沒有人欺負他，可是他的狀況嚴重，一定有人會受到影響。

我趁著他去潛能班上課，要全班孩子學他甩手，他們都覺得奇怪，老師平時不是都說不能學他的動作和說話嗎？才甩到第十下，孩子們就開始說手臂痠痛，甩到第二十下，就有人說已經不行了。

我問孩子們手痛不痛？如果可以選擇，你會每天這樣甩手上千下嗎？我們真的無法想像這樣不舒服的動作，他得持續不斷地做著，無法停止，所以他甩到後來會暴怒、尖叫……

他的腦部不正常地放電，你可以想像一直被電的感覺嗎？我說這段話的時候，大部分的孩子低著頭不說話，有些孩子甚至掉下眼淚。我們都心疼他的辛苦，想到他平時的不安和狀況不斷，都能體會他的痛苦。

那兩年，我沒有接到任何家長的申訴電話，也沒有任何孩子和家長抱怨被這孩子干擾，我只看到他被大家寵著、愛著、保護著；在分組的時候，總會有小組直接把他拉進去，中午吃飯的時候就有孩子去主動提醒他要盛飯。

高年級的**孩子可以是魔鬼、也可以是天使，讓他們知道特殊孩子的苦處，他們真的可以體會，並且把特殊的孩子當作兄弟來疼愛。**

最關鍵的是老師的態度，如果我們總是對著孩子皺眉頭，同學對著他就是一張臭臉；如果我們總是責罵孩子，同學回應他的就是言語攻擊；如果我們總是對孩子不耐煩，同學下一步就是排擠他；相反地，如果我們帶著孩子理解特殊孩子的痛苦，同學對他就只有滿滿的愛和包容。

一個班級就像一個大家庭，沒有任何一個孩子應該被放棄、被惡意對待。

孩子人緣差，交不到朋友

那天有個媽媽問我：「我的孩子人緣很差，在學校交不到朋友怎麼辦？」

我問她：「如果妳是孩子的同學，妳想要跟他做朋友嗎？」

那媽媽想了很久，說：「不會。」

很多時候我們面對孩子的狀況，會先希望別人改變來解決孩子的難題，希望其他孩子能接受自己的小孩，可是換個角度想，如果今天我們身邊有這樣的人，我們自己會不會喜歡他呢？要怎麼做，才能讓同學喜歡他？把孩子的優缺點列出來，從最該改善的部分開始做調整。

孩子不受歡迎，往往有幾個原因：

第一個是外表和味道讓人不悅。我遇過很多家裡比較疏於照顧的孩子，頭髮凌亂、臉上常有口水印、幾天才洗一次澡、沒有刷牙習慣、身上味道濃厚、衣服明顯髒汙。這樣散發出味道的孩子，在團體中一定不受歡迎。我會私下找他們來聊聊，提醒孩子改善自己的生活習慣，教他們注意自己的整潔，起床後一定要洗臉刷牙、出門前低頭看看自己的衣服，是不是該換該洗了。如果是家境貧困沒有衣服可替換的孩子，我會找幾件衣服給他，要求他尤其是夏天每天一定要洗澡、洗衣服。

第二是對待同學的態度有問題。有些孩子在家裡當小霸王習慣了，在學校也對同學頤指氣使，只要一不順他的意，就亂發脾氣。這樣的孩子對老師的態度也很差，我無法忍受孩子的任性，一定會在每一次他對同學、老師態度不佳的時候好好地提醒他，讓他知道沒有人應該要忍受他的壞脾氣。有些孩子因為太沒有自信、缺乏主見，有時就會淪為同學的小跟班，這時我們要做的不是讓他跟同學遠離，而是找出優點，建立孩子的自信。一個有自信的孩子是不需要去討好任何人的。

第三是特殊孩子，像是亞斯伯格症的孩子、過動兒，常常因為衝動行為而讓同學受傷或不舒服，這就得透過很多的方法讓孩子改變行為模式。亞斯的孩子說話直接、過動兒動作大、衝動，有時影響到同學而不自知，要不斷提醒他們說話的方式。我常會問他們：「如果是你，你會有什麼感覺？」**讓孩子設身處地地去思考別人的感受，提醒他去觀察別人的動作和表情，慢慢改變自己習慣的方式。**

我在班上會常常放一些特教相關的影片，讓學生知道很多特殊兒的行為不是故意的，我們要善意地提醒他而不是排擠他。

在處理特殊孩子和同學的衝突時一定要注意，不能一味要求同學去包容、忍受他，這樣的方式會讓孩子們更不願意接近他。若是傷了同學該道歉的就得道歉，事後再私下提醒他該注意的地方。

還有一個關鍵點是家長和老師對待孩子的態度，在生活中不斷被責罵、大吼大叫提醒的孩子，對待同學的方式常常是大人對待他的模式，人緣自然就會受到影響。

有些孩子因為找不到朋友而有攻擊或故意的行為，想要引起同學和老師的注意，這時除了制止他的行為外，最重要的是協助改善他的人際關係，幫孩子找到朋友、讓孩子身邊的環境變得友善，有了朋友以後，他的刻意行為就會停止。

很多孩子在人際關係的困境中無法解決，也無法察覺自己該改善的部分，只能透過身邊的家人和師長一起來提醒和教育他，請多一點耐心和包容，如果我們都不喜歡這個孩子，又怎麼能期待同學們去喜歡他呢？

不平等的玩不是玩

一個體型瘦弱的孩子跟我聊天時，說上個月另一個壯碩的孩子問他，要不要接他一拳？如果接住就是黑帶高手，結果還沒等他回答，對方就重重地給了他一拳。我問他為什麼現在才告訴我？他紅著眼眶說怕對方討厭他，所以不敢說。

我找打人的同學來，他想了很久才想起來，說只是跟同學玩。被打的痛在心裡，可是打人的卻早已忘記。

下課的時候我看見一個孩子，拿著作業簿對著另一個孩子的頭拍打十幾下，我立刻制止他的行為，問被打的那個孩子，「你是真的喜歡他這樣跟你玩？還是不敢拒絕？你媽媽有沒有同意你的頭這樣被打？身體髮膚受之父母，你回家要跟媽媽道歉，因為你讓別人任意對待你的身體。」

我問打人的同學：「你也允許別人這樣打你的頭嗎？」

在走廊上看到一個身材高大的孩子腋下夾著另一個身材瘦弱的孩子的頭，那瘦小的孩子就這樣被拉著走，我要他們停下來，問那高大的孩子：「你為什麼這樣走？」

他戲謔地笑著說：「我們在玩呀！」

我問那被夾著頭走的孩子：「你也喜歡這樣玩嗎？」

他怯生生地紅著眼眶，輕輕地搖著頭。

我又問那個高大的孩子：「換我夾你的頭走路好嗎？」得到的答案當然是不要。

很多身材壯碩、高大和個性強勢的孩子都覺得動手是跟同學玩，他們仗恃著自己的體型優勢、人緣優勢就可以把瘦弱的孩子當作玩具玩。可是他們沒想過這種玩的方式是不是對方也喜歡？只是一味地把自己的快樂建築在別人的痛苦上。

身材瘦小、個性溫和或是不喜歡出風頭的孩子，常常因為不敢拒絕而忍耐對方讓他不舒服的行為，久而久之，這樣的對待就會變成固定的模式。

不對等的玩不是玩，玩久了，就會變成霸凌。

我告訴全班的孩子，當同學的動作和力道、態度讓你不舒服的時候就應該要拒絕對方，如果對方還是繼續，一定要告訴老師，讓老師制止他的行為。如果你不說，同學就會覺得你接受了，下一次會再用同樣的方式跟你玩，甚至越玩越起勁，看到你就要打一下、踢一下，你真的承受得住嗎？在遇到不合理的對待，第一次就該讓對方知道你不喜歡這樣玩，此時老師會是最強大的保護傘，只要有不合理的對待，我一定處理而且持續追蹤。

在我的班上嚴格禁止任何形式的動手打人，不管是女生拍打男生的背、開玩笑的打打鬧鬧、遊戲時打來打去……全部都禁止。動手是一種習慣，只要平常沒有規範，沒有教育孩子應該尊重同學的自主權，很容易就會擦槍走火。每個人對力道的感受不同，尤其是高年級的力氣大，一不小心就會讓同學受傷。

「你也願意這樣被對待嗎？」這是我最常問孩子的一句話，你有沒有看到他的表情很不情願、很痛苦？你當眾這樣給他難堪，換作你是他會不會覺得難過？你覺得是在跟他玩，他也覺得好玩嗎？如果不能接受，憑什麼這樣對待別人？

不管是欺負人的還是被欺負的孩子都該被教育，我要求他們都要寫反省日記，好好地想一想，該如何改變自己的態度和行為。

我們要教導孩子們設身處地為人著想，此外也要想辦法保護自己，而不是放任他人任意對待。在需要的時候要向老師或家長求助，才能遏止悲劇的發生。

言語霸凌

在網路上看到一篇跟霸凌有關的文章，想起讀國中的兒子有一天跟我說：「最近我們班上的同學，越來越多人跟我講話了耶！自從學務主任到班上和大家講話以後，他們就對我越來越好了！」看到他開心的表情，我真的好高興。

我立刻打電話跟學務主任道謝，謝謝他願意替孩子解圍。主任告訴我，那天上英文課的時候，兒子突然衝到廁所去，在裡面一邊大哭一邊捶牆壁，接到通報後他立刻趕去，把孩子帶去談話。

知道孩子的情緒已經到了極點，主任只是靜靜地聽孩子訴說，在班上同學習慣性會嗆他，上英文課的時候他被點名要站起來說話，很多人開始嗆他，讓他不願意開口而被老師罰站。在羞愧、無助和憤怒的情緒交織之下，一下子忍不住，就衝出了教室。

主任到班上做了一次的宣導，要大家善待同學，不能你一言我一語地攻擊、奚落，因為沒有任何一個人喜歡被這樣對待，每個孩子都該受到學校和老師們的保護。

聽到主任這樣說，我在電話的那端哭了！我只知道孩子在學校過得不開心，每次回家都說同學在罵他。我常常都會鼓勵他，還要他跟我一起想一想，為什麼同學都針對他？我們能做些什麼來改變現狀？我真的沒想過，原來孩子在教室的狀況是這樣難受。

當時我真的好無助，孩子們回到家不願訴說在學校遭遇的委屈，可能是因為擔心父母的反應。當父母聽到孩子被嗆、被酸時，第一個反應往往就是檢討自己的孩子，反問孩子為什麼別人會嗆你、不嗆別人？或者告訴孩子不要理他們。孩子覺得父母不懂自己的心聲也怕又被訓一頓，漸漸地關上心門，可是內心卻承擔不了。

其實有時候一個孩子被欺負沒有為什麼，任何理由都可以成為被霸凌的藉口。有人好玩起了頭，旁邊的人就跟著起鬨，覺得自己幽默風趣，越說越離譜，看到孩子尷尬、憤怒的反應更是有趣，玩著玩著就習慣了。只要旁邊的老師沒有即時制止，也沒有察覺到孩子的痛苦，就會變成一種常態。

一個長期被這樣言語霸凌的孩子，人緣開始變得極差，所有的同學看他就是笑話，他們的學習態度、心理甚至健康都會受到影響。家長在家裡常常只感受到孩子的怒氣，總覺得國中生就是難搞、脾氣暴躁，卻不知道孩子在學校受到了不公平的對待，即使知道了，也無能為力。

能夠改變孩子在學校的困境的，只有老師和主任，如果他們願意出面替孩子解圍，也許一次的傾聽，就能幫助孩子脫離困境。

我很感謝那位學務主任，多少人面對這樣的孩子，只看到他暴衝的行為，看到他在英文課堂上不願意回答，上課時衝出教室，甚至指責他踹廁所的門和牆壁，忙著記過、處罰、讓孩子寫悔過書，卻看不到孩子流下的眼淚。

我們真的沒有理由，要一個被欺負的孩子只能忍受、只能告訴他不要理他們……**孩子們不是不懂事，他們往往只是因為好玩，因為從眾，因為被奚落的人不是自己，而不會去想到別人的感受。**除了經常提醒以外，最重要的是平時注意孩子們之間的互動，及時糾正，否則錯過一次教育的機會，很有可能就會讓孩子心裡留下一道無可彌補的傷痕。

三個篩子

那天聽到一個孩子轉述球隊教練的話，告訴另一個孩子說：「教練在球隊裡說你是個×××……」

那教練平常溫和又疼愛學生，不像是會口出惡言的人。我經過詢問後，證實教練沒有這樣說過，但是轉述者的表情和加油添醋的內容，帶給當事者很大的傷害。

我把傳話的孩子找來，問他為什麼要這樣做？他說他覺得教練就是這個意思，沒什麼目的，就是想說出來而已。

我告訴他：「你知道這樣隨口說出的一句話會傷害多少人嗎？」

他沉默不語。

我告訴他，聽話的人一定很難過，覺得教練不喜歡他；他的媽媽也會很生氣，教練怎麼可以隨便批評自己的孩子呢？一旦教練被誤會，有可能因此惹上麻煩；身為老師的我也會很難過。我們要將心比心，如果是你，你會有什麼感覺呢？即使說的是事實，我都覺得不應該散布出去。

一句話的後作用這麼強大，或許是孩子們沒有想過的。在課堂上，我經常提醒孩子們：「你們說話之前，有用三個篩子篩過了嗎？」

每一屆我都會跟學生們分享古代的希臘哲學家蘇格拉底的故事。

有一天，蘇格拉底的一個學生跑來跟他說：「告訴你一件你絕對想像不到的事……」

蘇格拉底立刻制止他，並問他：「你要告訴我的話，用三個篩子過濾過了嗎？」他的學生疑惑地搖了搖頭。

蘇格拉底說：「當你要告訴別人一件事時，應該用三個篩子過濾一遍！第一個篩子叫做真實，你要告訴我的事是真實的嗎？」

「我是從街上聽來的，大家都這麼說，我也不知道是不是真的。」

「那就應該用你的第二個篩子去檢查，如果不是真的，至少也應該是善意的，你要告訴我的事是善意的嗎？」

「不，正好相反。」他的學生羞愧地低下頭來。

蘇格拉底繼續說：「那麼我們再用第三個篩子檢查看看，你這麼急著要告訴我的事，是重要的嗎？」

「我只是覺得好玩，並不是那麼重要……」

最後，蘇格拉底說了：「既然這個消息並不重要，又不是出自善意，更不知道它是真是假，你又何必說呢？說了只會造成我們兩個人的困擾罷了。」

蘇格拉底曾經說過一句話：「不要聽信搬弄是非的人或誹謗者的話，因為他不會是出自善意告訴你的，他既會揭發別人的隱私，當然也會同樣地對待你。」他提出了說話前的三個準則：真實、善意、重要，很值得我們學習。

在日常生活中，我們不做散布謠言的始作俑者，當然也不要受人利用成了

傳播者。有時「說者無心、聽者有意」，很多的誤會都從轉述別人的話開始，只要不澄清，就會在團體裡掀起波瀾；而三人成虎、斷章取義所造成的傷害，真的不容小覷。

古人說得好：「謠言止於智者。」我們都要好好教育孩子約束自己、同理他人，別因為逞一時的口舌之快，讓口中不自覺的言語，成為傷害他人的武器。

我的存在是你的處罰

有位媽媽告訴我，每次分組的時候，老師會用跟她的孩子一組來當作懲罰，只要犯錯的人就要跟他同一組。老師說，如果不這樣分配，就沒有人願意跟他同一組了。

我聽了很心痛，可想而知，這個孩子在班上的處境會是多麼惡劣！會不會所有的人都開始懼怕跟他在一起？因為跟他在一起就是處罰，比最後一名還要可怕。

媽媽問我該怎麼辦？如果是我遇到這個狀況，一定會出面去跟老師溝通，請老師換個方式分組，問問老師這樣的分組方式，會不會讓同學更討厭這個孩子？用這個方法不但沒辦法解決孩子學不會、不懂得如何跟同學相處的問題，反而讓孩子更加怨恨這個班級，狀況更頻繁。

最近遇到一個孩子在安親班沒有被好好對待，媽媽決定不讓孩子去安親班，可是不去安親班之後，孩子的作業完全沒辦法自己完成，尤其是數學，幾乎是全錯。我答應媽媽會協助孩子完成和訂正，可是事情一多，真的分身乏術，讓她自己訂正，就是錯了又錯，每一題都得全程盯著，必須花好多時間在處理她的功課上，同一題往往得教很多遍，有時教到我的火氣都上來了。

我覺得這樣的方式應該要改變，於是請旁邊的男同學幫忙，帶著她把每一題的算式列出來，讓她自己計算。

聽完男生講解題目，我告訴他：「我覺得你好適合教同學呀！老師覺得你的觀念超清楚的，而且教的方法讓人很容易懂，比老師有耐心多了！等你陪她列完算式，老師幫你蓋一個獎勵章，謝謝你幫了我的忙。」

那男生很開心，盡責地看著她一個步驟一個步驟地算完，最後再要這個孩子複習三遍圓面積、圓周長的公式。

當我看到這女生的小考考卷就知道全錯，如果此時批上零分，會讓她多傷心？於是我請那男生陪她列出算式，再讓她自己完成考卷。一改完考卷，那男生就過來問我：「老師，她有考好嗎？」

我說：「當然有，真的很感謝你幫助她。」

我聽過輔導老師用獎勵的方式，鼓勵已經找到組員的小組自願納入找不到組的孩子，全組就能得到獎勵章；如果協助這個孩子站起來報告、完成作業，那個小組的每個人都能得到獎勵。

教育孩子的方法有百百種，老師是一個班級的靈魂人物，我們怎麼對待這個孩子，其他人就會用同樣的態度對待他。老師對待孩子的方式，全班的孩子都張大眼在看，當我們把跟孩子同組當作懲罰，這孩子就會被同學當作瘟疫，看到他就會覺得真倒楣，任誰也不想跟他同一組；相反地，用獎勵的方式來鼓勵同學跟他同一組，其他人就會樂於與他相處，也樂於幫助這個孩子。

沒有人想要學不會，但是就有人學不來。讓全班討厭、懼怕一個孩子，無法改變孩子成績低落和人緣差的問題，讓我們都努力想想如何幫助孩子找到適合的學習方法。

家暴

前幾天有個已經畢業幾年的孩子在教室外晃呀晃，引起了我的注意。他穿著學校的運動服，我問他為什麼不用上課？他說大家都去國中畢業旅行了。我問他為什麼不用去？他說媽媽不讓他參加。

這孩子在國小的時候常常受到家暴，他有一個成績優異、常常上台領獎的哥哥，顯得他的成績慘不忍睹；哥哥一點動作不協調，媽媽每天帶去醫院做復健，但是這個弟弟從小就狀況百出，學習遲緩、過動，以及亞斯伯格症症狀……媽媽完全不想理會，還跟輔導老師說，她怎麼會生到這種孩子。

孩子常常帶著傷來學校，說是自己不乖被媽媽打了，輔導老師通報後讓社會局去處理，也請家長來開會，制止過後媽媽的行為會收斂些，過一陣子就又開始。媽媽對這孩子漠不關心，寒冷的冬天，哥哥穿著厚厚的外套，弟弟卻只有薄薄的衣物可以穿，每次看到他瘦弱的身體和身上過少的衣物，就覺得很捨不得。國小的畢業旅行媽媽也是禁止孩子參加，我們好說歹說，想盡辦法找補助，才讓他可以一起去。

深入這個家庭了解後我才知道，媽媽是外配，因為家境不好，沒有多餘的錢可以買機票，很久都沒辦法回娘家。由於思鄉心切，加上孩子狀況頻繁讓她頭痛，因此把所有的怒氣全部發洩在孩子的身上。

長期的怨氣和忙碌已經讓她累得喘不過氣來了，遇到生活上的不順遂和委屈，只好把孩子當作代罪羔羊。輔導老師知道她的苦衷後，想辦法協助孩子完成功課，這樣媽媽回到家就不需要操心。輔導老師也協助媽媽，請她有空就來學校走走聊聊，有時也請她來學校當志工，讓她從付出中獲得一些成就感。後來輔導老師甚至自己找親友團贊助這媽媽回娘家度假，成功地擄獲媽媽的心，跟她當了好朋友，直到畢業，這孩子都沒有再帶著傷來學校。

上了國中，這孩子沒有受到像輔導老師一樣的照顧，常傳來狀況頻繁的消息，我們可以想像，這樣特殊的孩子和媽媽在沒有人支持下，真的會有很多的問題。

帶一個特殊的孩子，照顧者的壓力真的很大，加上經濟壓力更是雪上加霜，倘若又對孩子的行為無能為力，可能會有崩潰的一天。**沒有任何一個人天生就擁有教育特殊孩子的知識和能力，有時急需要幫助的不只是孩子，還有辛苦忙碌的照顧者，只是責怪和處罰沒有辦法解決問題。**

很多家暴不是依法通報就算完了，把孩子送到寄養家庭，孩子會有適應上的問題，過了幾個月就又得回到原生家庭，這些狀況只會一再循環下去。

看到這個孩子，除了心疼他生長在無法改變的家庭，也讓我想起那位熱血的輔導老師，打從心底感謝她兩年來疲於奔命，且默默地為孩子努力付出。學校和老師是這些風險家庭的第一道防線，我們都要盡全力去協助這些辛苦的孩子和照顧者，能做多少是多少，別讓遺憾在眼前發生。

保護色

很多年前帶了一個轉學生，在班上，我幾乎沒有聽過他的聲音。他常常遲到，所以我每天去他家樓下按電鈴叫他起床，幸好這孩子算乖，起床後就會乖乖地來上學。

我很想了解他的家庭背景，家裡有什麼人？住在哪裡？但問他什麼都只是搖頭、點頭，所以跟著他回家一趟，結果一進到家門，眼淚快要掉下來。他們全家已經搬進那間房子幾個月，卻是家徒四壁，四周空空如也。因為沒有衣櫥，房間的大床上堆滿了衣服，我問他誰洗衣服？他說本來是他負責洗衣服，可是沒有洗衣精了，他沒辦法洗，於是把髒衣服丟在衣服堆上，每天從下面抽衣服出來穿……

走到廚房，桌上、地上到處都是垃圾，好多泡麵碗就丟在水槽旁。有一個很髒的電鍋，裡面放著之前蒸過的飯菜，全都焦黃發臭。

他說另一個雙人床，是他和爸爸還有哥哥一起睡覺的地方，爸爸打零工每天很早就要出門，晚上很晚才回來，他們兩個國小的孩子就在沒有大人的照顧下，自己起床、上學、準備晚餐……有時候回家會發現爸爸有留一些錢給他們買晚餐，有時爸爸可能忘記了，他們就沒吃東西或是煮泡麵吃。

問他幾天沒看過爸爸？他說忘記了，爸爸應該都有回來，只是深夜回來，很早就又出門了。

我教他們吃完的東西要用垃圾袋裝起來，晚上垃圾車來就該清掉；電鍋的插頭沒有用的時候就要拔掉，不能讓它一直空燒。我問他們願不願意包營養午餐回家當晚餐？回家後可以用電鍋蒸一下，就不用擔心晚上餓肚子。隔天拿了洗衣精給孩子，要他如果用完了再告訴我，我會去買給他。

孩子的個性溫和，從來不跟別人起衝突，應該說跟同學之間沒有什麼交集。為了讓他融入團體之中，我硬是要他加入球隊，果然在球隊成了主將，出賽名單上都有他的名字。我和教練用球隊當誘因，鼓勵他要準時到學校練球，慢慢地他跟其他同學熟了起來，下課時也跟男同學們玩得很開心。

我們向社會局通報這一家人為高風險家庭，但社工剛開案準備進入家庭去協助，他就又搬家轉學了。這已不知是他和哥哥讀的第幾間學校了，他們跟著打零工的爸爸全台灣到處流浪，哪裡有工作就去哪裡。

我這才發現，平常的他冷漠又寡言，其實是一種保護色，也是讓自己活下去的方法。如果很快就要離開同學，又何必付出感情呢？對於物質貧乏、環境極差這件事，早已習以為常。現在想起來，他應該沒有吃早餐，學校的營養午餐或許是他一天之中最豐盛的一餐。

看到「報導者」網站最近的一系列報導，讓我想起那個我已經想不起名字的孩子。影片中的孩子說了一段話讓我很難過，他說：「老師看不起我，要其他孩子不要跟我靠近……」

如果不是因為那孩子的衣服髒汙、遲到頻繁，讓我踏進他的家裡，真的看不出來小小年紀的他，生活這麼辛苦。大概是早就習慣這樣的生活環境，他不懂得求救，也不知道該如何求救。

那時的我很年輕，沒有太多的資源和經驗幫助那孩子。學校大部分的補助都需要證明文件，常常申請就得等上幾個月，像這樣連在家裡都看不到大人一面、拿不出證明的弱勢家庭的孩子，讓人不知該如何伸出援手才好。如果當時我的敏銳度高一點，如果我有仔細觀察他的表情和衣著，是不是可以給他多一點幫助和關愛……

倘若光憑外表髒汙和成績低落，就去批判孩子不努力、不上進、不愛乾淨，認為冷漠孤傲是叛逆的表現，我們就會漏掉孩子發出的微弱求救訊號。

有時候不是他們不願意努力，而是身上背著太多沉重的負擔，面對生活的無奈卻又無能為力。除了面對極度缺乏資源的環境外，他們還得對抗不友善的人們、還有心裡滿滿不被了解的苦。如果我們都能努力看見那些孩子自我保護下的脆弱，會不會有更多的孩子可以翻轉他們的人生？

人間孤兒

那孩子的媽媽走了。原本她的家人在天人交戰下終於決定要拔管，卻在拔管前一天的聖誕夜，先走一步了。

在媽媽離開的隔天，他堅持來上學，以為和從前過著一樣的生活，就能暫時忘記巨大的失落。看到那孩子一整天在走廊上興奮地跑跳、笑鬧、誇張的動作和表情，情緒比平常更加亢奮，我制止他在走廊上奔跑，卻捨不得責怪他；因為我知道，在大笑大跳的背後，是無法掉下眼淚的傷痛，一靜下來，想念的媽媽就會浮上心頭。

這陣子他幾乎天天到醫院報到，深怕錯過媽媽嚥下最後一口氣；他懷抱期待等著媽媽從睡夢中醒來，卻是一天又一天的失望……

那孩子的媽媽長相清秀，是個美女，以前就有頭痛的問題，因為一個人扶養小孩，每天兼好幾個工作努力賺錢，被生活折騰得苦不堪言。而孩子又狀況連連，常常讓她身心俱疲，身體的不適總是吞止痛藥來解決，沒想到一場寒流，讓才三十幾歲的她就這樣一病不起。

有時孩子去看她，躺在加護病房的她會張開眼睛，不斷流著眼淚，讓阿嬤和孩子都跟著哭了起來。

要離開唯一的孩子和母親，我想媽媽一定也很捨不得。如果她有意識的話，心裡不知會有多少想做卻無力去做的遺憾，對身旁的親人，又是多麼難以割捨。

沒有人教過孩子怎麼面對至親離去的那一刻，或許將時間拉長一點，悲傷的程度沒有那麼撕裂，但是不管對幾歲的孩子來說，媽媽永遠離去了，這樣的傷痛還是難以承受。

面對親人去世，是一段漫長的療癒過程，我們只能幫忙籌措喪葬費用，提供後續的心理輔導和支持，協助他們面對往後的生活。

到現在孩子都已經畢業了，輔導老師還是定期到家裡去關心這個孩子，跟身體不好、幾乎踏不出家門的阿嬤聊聊天，讓她能夠把心裡的鬱悶和教育孩子的苦說一說，擦乾眼淚後繼續向前。

有時覺得自己的生活苦，可是看到這位辛苦的孩子、辛苦的阿嬤，覺得自己其實沒有那麼苦，至少我還有能力可以去面對和處理，我還有資源可以來想辦法。

幸福，是比較來的。想想那些活得艱難的人們，我們是不是更有力量去面對所有的現實？

人生無常，我們都要好好照顧自己，別像蠟燭一樣把自己燃燒盡了，讓所有的努力和辛苦都瞬間化為烏有。

特殊生的手足也需要關愛

有一位媽媽來跟我求助，說她的兒子對於特殊兒的妹妹非常鄙視，對她完全不理不睬，連全家出去玩都不願意跟妹妹合照，在學校碰到也不願意看她一眼，在家裡像陌生人一樣。但是，妹妹把聰明的哥哥當作偶像，常常因為哥哥的態度而難過。最近哥哥在學校出了一些狀況，媽媽要照顧妹妹又要跑學校處理哥哥惹的禍，可說身心俱疲。

我問媽媽：「妳是不是把生活重心都放在妹妹身上了？」

她說妹妹要復健、要上課、就醫，幾乎占掉她所有的時間。還好哥哥平時很自律，所有事情都能自己處理好，課業也沒問題，不需要她操心，唯獨對妹妹的態度，真的讓人好傷心。她說她和兒子很親近，從妹妹出生後到現在，已經高年級的哥哥還每天都要求媽媽陪他一起洗澡、出門的時候只准自己跟媽媽牽手，不准媽媽牽妹妹的手……

我勸媽媽一起洗澡的狀況應該要慢慢減少，高年級的孩子已經進入青春期，開始發育，這個年紀還會想要跟媽媽一起洗澡的男孩真的不多，我擔心孩子在人格的養成上會有偏差。父母親跟孩子的親密可以有很多方式，進入青春期後，我覺得應該要有些界線。

我們常常只留意到年紀較小的孩子、特殊的孩子、體弱的孩子，不僅所有的時間都被他們占滿，連很多的行程和家裡布置都為了他們而考量，而忽略了讓我們放心的孩子。特殊兒的手足想盡辦法做到最好，以為做好了，父母就會看見他、讚美他，可是不管做得多好，媽媽的眼裡都只看得見特殊兒。我們希望孩子們能體諒媽媽的辛苦，知道他們需要多一點的照顧，可是我們沒想過的是，孩子就是孩子，面對搶不到的母愛，心裡一定會覺得不平衡。

有很多哥哥姐姐的偏差行為，是想要引起父母的注意，因為做得好不被看見和重視，不自覺地就會有些讓父母擔心的行為出現。

有偏差行為的孩子，很多時候都是在討愛，別急著處罰和責備那些想要引起注意的孩子，多想想他們行為背後的原因。有時只需要多一些擁抱和關懷的對話、目光的接觸，孩子的叛逆行為就會減少甚至消失，可是如果我們只是一味要求他體諒、責備他不懂事，這些偏差行為就會持續，甚至越來越嚴重。

給每個孩子專屬於他的愛，會讓他們更有安全感。我常常跟三個孩子個別獨處，也不互相比較，讓他們都清楚，在我心裡，他們都是獨一無二的，都是很重要的、無可取代的。不管是哪個孩子遇到了困難，我一定會協助處理，要求孩子們互相尊重，而不是忍讓，更不能要哥哥們無條件地讓妹妹，或是妹妹無條件地接受哥哥們的指令；我在處理紛爭時一定看事情的對錯，而不會因為是誰，有不同的決定。

做父母的，請別忽略了特殊孩子身邊的手足，他們也需要我們的愛。我從來不期待有一天哥哥們會接手照顧妹妹，但是看到兄妹互相關懷照顧的畫面，還是有滿滿的感動。

CHAPTER 3

陪伴
是最好的教養

孩子，這不是你的錯

妹妹出生時全身肌肉張力不足，復健了八年，四肢肌肉都已經與一般的孩子無異，但是很多肌肉還是不夠強壯，像是手指的力氣小，寫出來的字扭曲歪斜；肛門括約肌的強度不夠，常會有來不及上廁所的狀況，尤其是緊張的狀態下，小一的時候有段時間因為學不會寫字而焦慮，幾乎是每天大小便失禁。

每次遇到上在褲子裡的狀況，其實最難過最尷尬的就是妹妹了，她知道這樣會很難堪，可是有時又無法控制。我告訴她只要有便意，一定要趕快去廁所不能忍，便在褲子裡了就一定要趕快告訴我，我會幫忙她處理，但是她常常會忍著褲子濕不說。我擔心她著涼，常常耳提面命，只要弄髒了，就趕緊來找我，我一定會幫忙她處理。

我帶高年級，偶爾也遇過這樣的狀況，有一次發現教室有濃厚的臭味，也有同學一直說好臭。

我默默地巡視了整個班級，觀察孩子們的臉色後，心裡有了底。有位同學的神情怪異，經過他身邊時味道濃厚，我知道應該是出了狀況，我要大家不要吵，跟他們說一定是廁所傳來的味道。我放卡通影片給孩子們看，轉移他們的注意力，趁大家看得入神，把那孩子叫出來問，他堅持說沒有，但是臉部表情尷尬。我問他：「我請媽媽來帶你回去好嗎？」他立刻低著頭說好。

之後我跟全班的孩子說：「我去掃了廁所，是不是沒有味道了呢？」

這對六年級的孩子來說，是一次痛苦的經驗，是讓他一輩子都難以忘懷的狀況。這時候最怕其他同學再來踩一腳，嘲笑他，那會讓人羞愧到極點。

我發現沒有人知道這件事，但還是得教導孩子如何面對自己或別人的意外，也讓當事人知道來不及並不是他的錯。

隔幾天我在班上分享自己的經驗，說有一次出門，肚子突然超痛，附近都沒有廁所，趕快請師丈帶我回家，一路狂奔，忍到一直深呼吸，還好來得及回到家，否則只差一秒，就要拉在褲子裡了。

孩子們聽到老師也會有這樣的窘境，都哈哈大笑！

我讓孩子們想起自己也曾經有來不及的時候，換位思考一下，倘若發生在自己身上的時候該怎麼處理？是不是會非常難過呢？如果是別人發生了，可不可以去嘲笑他呢？

我們都會有遭遇意外的時候，都會有不舒服的時候，這不是任何人的錯。在發生狀況的當下我們可能麻煩一點，必須帶著孩子去把事情處理完，而這個過程中最痛苦的其實是那個以為自己做錯了事的孩子。

老師的**引導可以讓可能發生的嘲笑變成同理心，我們只需要一點點時間和技巧，就能讓孩子遠離痛苦和傷害，不讓一時的意外變成永遠的傷害。**

標籤之外

在妹妹剛升上小一的時候，為了一些事情跟學校的行政單位有些衝突，我實在不想讓大家知道她的狀況。

帶班多年，每一屆總有三到五個孩子需要去資源班上課，我覺得有這個補救制度非常好，如果換算成家教一對一的教學，家長得多付出多少學費？資源班老師會依照孩子的程度和速度來設計課程，一對一地上課，也不會多收錢，所以只要我班上的孩子要上資源班，我都會鼓勵他們去。

有一年，有個孩子來告訴我：「老師，我不想去資源班。」問她為什麼，她說同學說她是上白癡班、資源回收班。

我聽了怒火中燒，把那個孩子找來好好地說了一頓，要他道歉、反省。向他曉以大義以後，我沒有太多的感覺，只覺得自己把事情處理完了。但是輪到我自己的孩子在上課時要一個人走進資源班，這才發現，心裡會有多麼糾結和難受。

我很清楚在我班上讀了兩年資源班，甚至國小六年都被安排在資源班上課的孩子，沒有一個可以從最後一名變成倒數第二名；也沒有任何孩子讀了資源班以後成績可以大躍進，甚至還要被貼上標籤、受到同學嘲笑。一時情緒激動之下，我實在無法放下心裡的念頭，所以提出放棄特殊身分。

我問特教組組長，我能不能讓妹妹放棄特殊身分、特殊課程的安排？組長說可以，只要把申請放棄身分的表格填好交給他。我眼睛一亮，「填好就好了嗎？」

他說，學校會針對這個個案開會審查，妳得要親自出席去說明，告訴大家為什麼要放棄孩子的特殊身分。

我想，都是同校的老師，應該沒有問題。只要學校通過了，我們就能放棄了嗎？

組長說：「學校通過以後，會把整份資料送到教育處，教育處再針對這個個案開會，妳也要列席說明……」然後，我就放棄這個念頭了。怎麼會有一個老師想到教育局去說明要放棄孩子急需的特教資源？

兩年下來，妹妹在課業上進步龜速，字還是不認得幾個，連自己的名字都認不得。但是她好愛上學，每天蹦蹦跳跳地去上課，告訴我今天老師讓她回答問題，讓她玩了好多遊戲和猜謎，跟我分享一起上課的同學發生的趣事，每次只要我做點心，她總是指定這個要給資源班的鍾老師，那個要給導師、黃老師、楊老師……

一般的孩子生病需要在家休息，想到可以不用上學，應該都是雀躍開心的，可是妹妹不一樣。有一次她發燒了，我要她留在家裡，她卻哭著跟我抗議，跟我說不行請假。「今天資源班鍾老師那堂課只有我一個人，如果我沒去，鍾老師要怎麼上課？」讓我深深感受到，在一個班級裡，她是二十分之零，但是在資源班裡，她卻是老師的百分之百，她對老師的信任和依賴，真的是資源班老師的努力一點一滴建立起來的。

我現在深深地體會，那張身心障礙手冊的意義，就是要保護這些需要資源照顧的孩子，否則任由三年前的我任性而為，這些幫助的資源就都沒有了。

每到開學前夕，有很多家長很焦慮，擔心孩子上了資源班會被貼上標籤，我可以很大聲地說：「讓妹妹上了三年的資源班，我從來沒有後悔過。」

她在資源班上課時，老師依照她的能力上課，與老師近距離的互動、眼神的接觸、問答的機會、被肯定的雀躍、完成作業的成就、沒有分數的壓力，都是在普通班裡怎麼努力都得不到的。

雖然她從來沒有從最後一名變成倒數第二名，即使考卷簡化再簡化，整張考卷對她來說還是看不懂的無字天書，到現在仍然不認得幾個字，能夠寫出來的字寥寥無幾。但是她每天都很開心、樂於學習，也信任老師。

倘若這孩子在普通班裡被用一般的標準去看待和對待，她能活得這樣開心嗎？她在普通班學不會、無法回答、無法參與課堂討論，可能讓老師對她有錯誤的期待、過高的要求，同學也會看到她的不足……這不是更殘忍的標籤？**給這些辛苦的孩子正確的標籤，他們才能得到該有的保護和幫助。**不想讓成績低落的孩子上資源班，那我們得做什麼來幫助他們？不想讓過動的孩子服藥，那我們得做什麼來協助他們與同學好好上課、好好相處？**很多我們不想做的事情，反而會讓孩子面對更嚴峻的考驗。**

面對孩子的不足，思考孩子的需要，給孩子適當的教育方式，比起我那該死的面子，真的重要太多。

培養同理別人痛苦的能力

在妹妹入學的時候，我擔心她因為讀寫障礙而拿中度智能障礙的類別被公開，會被同學嘲笑、被同事竊竊私語，所以拜託相關的同事，在公開的表格上不要直接寫上類別，寫代號和中度就好。

這樣的結果，就是體育老師只看到她的中度身心障礙手冊，沒有觀察她的能力。她可以跑、可以跳，甚至參加了體操比賽，但是老師直接讓她在旁邊觀看上課，不能參與課程活動。

在全班孩子面前禁止參與課程，這對妹妹來說，是一個很大的傷害。她不斷地問我：「媽咪，我犯了什麼錯？為什麼我不能上課？為什麼我不能跟同學一起玩遊戲、踢球？我從開學到現在都沒有摸過球……」

不得已之下，我在教師朝會上對著五十幾位同事宣告，我的女兒領有中度身心障礙手冊，她的學習能力非常差，成績也一定很差，但是她很努力也很辛苦，法律賦予她和其他孩子一樣的就學權，沒有任何人能用任何理由，剝奪她的就學權。

在一個班級裡面，總有一些特殊的孩子，有些孩子成績很差，有些孩子行動不便，有些孩子需要服藥，有些孩子就像我家女兒一樣怎麼也學不會……我們不說，跟這些特殊孩子相處的同學也看得清清楚楚，而同學之間的口耳相傳的猜測、排擠、厭惡最是恐怖。

該如何讓學生們同理這些身心特殊的孩子？我認為既然要一起相處兩年，很多事情閃躲不了，就該用正確的方式把話講清楚。大家都是同班的兄弟姐妹，沒有什麼不能說的，可是說的態度、面對孩子的方式真的很重要，尤其是老師主導一個班級的風向，該怎樣引導其他孩子去面對別人的不同，是重要的關鍵。

在課堂上我常常說故事給孩子們聽，找了許多特教影片讓孩子了解特殊兒的情況。我試著讓這群豐衣足食、無憂無慮且身體健康的孩子們，體會他人的不便和痛苦，**唯有讓孩子們將心比心，才能真正去接納和幫助特殊的孩子。**

教會孩子算計很簡單，但是教孩子同理心很難；教會孩子閱讀很簡單，但是教孩子心中有愛很難；讓孩子得到高分不難，但是教會孩子凡事替別人想一下很難；在鍵盤上打出傷人的話語很簡單，可是真正願意伸出手幫忙的人很少。

老師是引導孩子們去接納特殊孩子的靈魂人物，唯有老師主動帶著孩子接納特殊生，他們才會對特殊生友善，懂得用不同角度去欣賞那些特殊的孩子；相反地，如果老師總是責罵跟不上進度的孩子，這些孩子在教室就會被其他人瞧不起，用不正當的態度對待他們。

你的痛，我懂

幾乎每一場演講結束後，都會有參與的朋友私訊給我，問我為什麼可以這麼勇敢，坦然面對女兒的特殊，不去在意同事和朋友之間的耳語和奚落的眼光。

其實以前的我是在意的。

某個同事每天在電梯裡遇見我就要告訴我一次，他的女兒都有產檢，所以小孩子很正常，反問我：「妳是吃了什麼？做了什麼？一定是做人不認真，小孩才會這樣……」

我到現在，還無法忘記他那踩著我的痛開玩笑的表情。

我也記得在我請假帶妹妹去復健的那段時間，每天疲於奔命，得把所有的事情在有限的時間內處理完，班上的特殊生又出狀況，我常處於接近崩潰的邊緣，跟要好的朋友發牢騷，她說：「誰教妳把孩子生成那樣，帶她去復健是妳的責任，我要是妳，就辭職回家專心帶她去復健……」

那時我真的不懂，我不是一個專業的老師嗎？我在工作上不是得到很多肯定嗎？為什麼生了一個特殊的孩子，我就失去價值了？就得為了她的特殊，接受所有的嘲諷，辭去工作來補償我的過錯……想到原來別人是這樣看待我的努力，常常就忍不住痛哭流涕。

妹妹被禁止上體育課的那段時間，教評會上有幾位同事反對懲處那個老師，因為不知道是誰持反對票，我幾乎把所有人都當作敵人，除了幾個平時工作上互相幫忙的同事以外，完全把自己關在教室裡，不出席任何跟公務無關的活動和聚會，退出所有Line和Facebook群組，不踏出教室跟任何同事聊天、訴苦。

我會跟班上的孩子訴說妹妹的狀況和辛苦，讓他們可以了解妹妹的不同，在妹妹來教室的時候，不會用異樣的眼光去看她，甚至把她當作自己的妹妹一樣照顧。

或許我真的成為大家討論的八卦話題，但是我不聽、不看、不猜、不想、不在乎……只要來問我的，我都據實以告，我和妹妹都沒有犯錯，我們都很努力，沒什麼好遮掩的。

妹妹今年四年級了，她每天上學都很開心，老師們都對她很友善，愛心媽媽對她照顧有加，在我離校去演講時，同事幫我暫時照顧她、安全地把她交給保母。

現在回頭看，我發現有幾位同事，不管在哪一個階段，始終對我很友善；在我嚴重憂鬱的那段時間，即使像刺蝟一樣，幾近瘋狂的狀況，他們還是默默關心著我，給我勇氣，這才發現原來我不是一個人，他們一直都在。

沒有親身走過一遭，沒有人可以完全體會任何人的感受。每個孩子的狀況不一樣，每個人的個性差異很大，每個家庭和環境的接受度不同，千萬別覺得看見沈老師可以在大眾面前公開，就要勉強自己把心底最深沉的痛，赤裸裸地呈現出來。想留的，就留在心裡，不想說的，就別說；不想聽的，就當風吹過。

誰說什麼都不重要，孩子的快樂學習最重要；誰的眼光都不重要，媽媽看

待孩子的眼光最重要。媽媽的心要先修復好，當媽媽開心了，孩子就會開心。

遇到不能說的痛，別悶在心裡，沒有人可以說，來聽一聽我的故事，說不定會有不一樣的想法。

你的痛，我懂。

分數的意義

「媽咪，妳會打我嗎？」

「為什麼要打妳？」

「因為我考這樣。」女兒拿出考卷。

「為什麼考五十九分要打妳？」

「同學考九十分，她媽媽說沒有考到九十五分，一分要打一下，她要被打好多下耶！」

我抱著她，問：「媽咪問妳，妳有沒有認真上課？有沒有認真考試？」她點點頭。

我告訴她這樣就好，考幾分沒關係，「媽咪沒有因為分數打過妳，以後也不會。」

妹妹：「真的嗎？妳不會打我嗎？謝謝媽咪、謝謝媽咪！」

孩子，學不會，我們慢慢來就好，只要妳每天期待著上學，寫字時開心，對生活充滿喜悅，這樣就夠了。

有人覺得讀我的文章會讓孩子沒有競爭力，不給孩子一點壓力，他們怎麼會進步？

這樣的說法是對的，要給孩子期待和壓力，很多孩子會因為這樣進步，可是，我家孩子怎樣也學不會，我只能阿Q地接受她、陪著她，慢慢地學習。

所謂「因材施教」，對待每個孩子的方式都不一樣，資優的孩子，不管你怎麼教，就是優秀；一般的孩子，要求他、鼓勵他，就能越來越好、越來越進步；可是有學習障礙的孩子，最需要的就是陪伴和等待，讓他在有限的能力裡找到自信，找到自己的路。

別怪我老是寫一些沒有競爭力的文章，書店裡滿滿都是如何教出資優生的書，不缺我一個，我們需要知道的是，如何面對一個沒有競爭力的孩子。

雖然我從來不給妹妹任何課業壓力，但是每次看到同學們得知分數後的表情，她對分數也是忐忑不安。有一次回家後她拿著考卷來給我簽名，小心地問我：「媽咪，我考這樣耶！」

我看了考卷，誇張地說：「哇~~妳有這麼多分喔！好棒喔！」

我拿了一把零錢給她，讓她數數五十九個，「妳看，妳考了這麼多分，有沒有很棒？」

妹妹立刻跳起來說：「萬歲！真的很多耶！太棒了！」她像隻兔子一樣跳個不停。

其實她不懂分數的意義，只是覺得很多都不會寫，很擔心沒有達到我們的期待，我們面對她的成績的每個表情和言語，都牽動著她對自己的評價。

老公也問我：「她的五十九分是真的嗎？」如果她能從老師的教學中學到59%，我們會跟她一樣高興到跳起來。

有幾個考九十九分的孩子能像她一樣開心？可以像她一樣為自己的成績得到滿足？我感謝她給了我對分數全新的認知。我希望不管她得到幾分，都能為自己的努力開心。

我看到的不是她少的四十一分，而是從零分進步到五十九分，如果這五十九分是真的，我就心滿意足了。

受傷的手，焦慮的心

不知道從什麼時候開始，弟弟的手部皮膚就沒有完整過，只要一閒下來，他就會不斷摳著手皮。我用過各種方法，威脅利誘、勸導、每天幫他的手擦乳液、在傷口上擦藥、拿傷口不小心就會感染的新聞給他看……用了各種方法，希望他不要再摳了，都沒有用。

最嚴重的時候，是去年九月，他在球隊裡因為運動傷害沒辦法練球長達三個月，每隔三天要去針灸、推拿一次，但是背痛的狀況仍然無法減緩。學校教練和老師不斷問他為什麼不轉學？為什麼一直在裝病？對他的態度猶如糞土。師長的態度如此，同學對他當然不友善，他每天回來說的都是今天誰嗆我、誰起頭嘲笑我，然後全班哄堂大笑，學校的體育組長經過他旁邊時說了什麼……

我們不斷地勸他、給他信心，要他不要在意、努力振作，漸漸地他就沉默不說了，我們看似了解他的狀況，卻完全無法體會他的感受。

弟弟在國小時功課很不錯，作業寫得整齊又漂亮，可是那陣子作業常缺交、字體凌亂、成績一落千丈，還因為習作沒有訂正被記了過，在國二上的那一次月考，他沒有一科及格。老師幾乎每天私訊給我，告訴我他在學校的成績和行為，對他有滿滿的怨言，就是沒有提到如何排解同學對他的霸凌和嘲笑。我問她作業沒有訂正就送記過，不能提醒他訂正嗎？老師只傳了一張學校記過的規定給我。

那陣子他的手完全沒有皮，摳到流湯、摳到流血，因為手皮來不及長就被摳掉，所以手指、手心的皮像是六十歲老人的手一樣長了厚繭，隨時緊繃著，手指無法完全伸直。有一天他甚至伸出半彎的手掌告訴我，「我的手掌沒辦法完全伸直，怎麼辦？」看得我好心疼。

怎麼辦才好？這麼小的孩子手竟然就廢掉了！

弟弟常常裝病不去上學，一到學校就發燒要我去接他，回到家卻一點事也沒有。我明知道他裝病，但是保健室阿姨就是量到他的體溫三十八度，我也只能請假去接他回來，這樣的狀況持續了好一陣子，讓我疲於奔命。直到他上英文課時被嗆到衝出教室，我才知道他承受的壓力這麼大，好慶幸當時他沒有從教室往樓下跳……

弟弟是羽球校隊，羽球打了八年，要放棄並不容易。我一直掙扎著，擔心他習慣在體育班，如果回到普通班可以適應嗎？成績跟得上嗎？可是我沒有選擇，當一個孩子都快活不下去，還有什麼事情是更重要的？

我毅然決然地帶著他轉學，他偶爾還是會摳手，我告訴他要慢慢改掉這個習慣，之前是因為焦慮，如果焦慮解除了，這就是壞習慣了。我還跟他約定，哪一天他不再欺負自己的手，他的手掌、手指都是完整的，我要給他五百元。

孩子的感覺很直接，換了個環境，不用罵、不用說，什麼奇怪的舉動都不見了，每天不用催他就能把功課完成。數學在轉學前從來沒及格過，前幾天拿了八十九分的考卷要我簽名，說他很懊惱，有一題明明就會……每天放學回家說的都是在學校跟同學打鬧的開心事。他還說，導師會輪流跟每個同學談未來的志願；數學老師在他轉入的第一次月考後告訴他，第二次月考及格，要請全班吃麥當勞，這次又跟他約定好，下一次的月考要進步到九十分。轉學後他不只是成績進步，上學也很開心，重拾了對同學、對老師、對人性的信任。

一個暴衝的孩子，需要的不是壓制，而是理解和關懷。從弟弟身上，我體悟到在求學期間，友善的環境和老師對孩子來說，有多麼重要。**讓孩子被鼓勵、被期待和被尊重，比起不斷羞辱、踐踏他的自尊，又期望他強大，要來得有用得多。**

妳是老師，妳的孩子自己教

最近看到一則新聞，有一位老師長期要求孩子午休時到陽台睡午覺、還得站在老師旁摀著嘴巴，造成孩子日後心理上的陰影。我想起兒子小學時候的一段往事。

我家住基隆，兩個兒子都因為加入球隊，在台北上學。弟弟小一時開學的第一天我也開學沒辦法陪他，剛入學的他有很多事情不適應，才開學第二天在學校吃午餐，就因為沒有帶餐具被老師要求用手抓著吃。之後孩子每天回到家都悶悶不樂，也說不出為什麼。

開學後一週學校舉行班親會，但是我念研究所要上課，只好請孩子在同一個學校的大姐代勞。沒想到大姐才進教室，就看到老師指著有兒子名牌的桌子，跟身邊的家長說：「就是這個學生，媽媽自己在國小教書，會教得很！孩子問題一大堆！」

後來我請假去學校，在教室外面看老師上課，只見弟弟站在一旁，老師用手比了比他，再用食指和中指比一比自己的太陽穴，引得全班哄堂大笑！由於兩人身高落差很大，弟弟沒有看到老師做了什麼動作，只能站在那裡讓大家嘲笑，看到他一臉尷尬、難過的樣子，我在教室外差點掉下眼淚。

等下課後我走進教室，老師驚覺我是兒子的媽媽，趕緊陪上笑臉，接著開始不斷地數落著孩子的狀況。我看見後面布告欄上，所有號碼位置都有作品，只有弟弟的號碼是空的。我問他，我們前一天晚上一起完成的作業沒有交嗎？原來不管交什麼功課，老師都不收，一下子跟他說還沒開始收，一下子說太晚了不收。孩子前一天花了心血畫的作品，只能塞在抽屜裡。

我不懂才開學兩個星期，一個剛上小學的孩子到底能壞到什麼地步，需要老師這樣對待他？老師告訴我的狀況，對我來說都是一般孩子會有的行為。為了讓才開學兩週的孩子可以好過一些，我每個禮拜四下午都請假帶著飲料、水果去學校給老師，聽她抱怨孩子的行為，回家後不斷地教導孩子要聽話。

我請老師在孩子有狀況的時候寫聯絡簿告訴我，我回家後會跟他溝通。老師說：「妳的孩子問題真的很多，妳不知道小一的老師很忙嗎？我哪有空寫聯絡簿！」

聽到老師當面對著我說：「妳自己是個老師，為什麼不把孩子帶回去自己教？我快要退休了，什麼都不怕，最討厭這樣的孩子……」我還跟她說了謝謝，然後就坐在學校的操場上放聲大哭！

為什麼我的孩子會這麼惹人厭？如果老師對我的態度都是這樣，那可想而知，她會怎樣對待我的孩子？

那天我哭到沒辦法走路，只能用顫抖的手打電話給姐姐，姐姐立刻到學校陪我，告訴我：「如果已經溝通過無效，那就轉學吧！」可是弟弟那時候超想打球的，哥哥也在那所學校，該怎麼辦？一想到要轉學，很多問題都浮上來，但是想到孩子在全班面前被老師羞辱，還待得下去嗎？

我後來還是決定轉學，可是被校長擋了下來。校長問我想不想再給學校一個機會？台北市的學生在國小期間有一次的轉班機會，我突然像是看到一線希望，拜託校長幫忙申請轉班。

申請轉班前會在原班繼續上課一週，看看情況有沒有改善，結果孩子每天回來都告訴我，今天有幾個家長來教室，老師指著他跟家長說，「這就是我跟你們說的那個不乖的……」

弟弟難過地問我：「媽咪，我真的很壞嗎？」聽到才小一的孩子這樣問我，我心中的憤怒再也無法控制……

後來召開了教評會，我們把老師對我和孩子說過的話全部條列清楚給大家，那位老師說：「我以為妳也當老師，懂我在說什麼，我不知道我說的話會讓妳這麼難過，當場妳也沒說……」我這才知道，**很多時候我們因為有教養，因為懼怕孩子被老師貼標籤，客氣地隱藏自己的感受，可是老師卻不知道我們的憤怒**

和難過，也不知道孩子在她的不當管教下造成了身心的傷害。

弟弟後來順利轉了班，遇到的老師很嚴格，但是對孩子很公平，適應得很好。換了新環境之後，他也慢慢地發現，自己真的沒有那麼壞。我很慶幸當時做了轉班的決定。

在申請轉班的過程中，教務主任用不屑的態度看著我，說那老師也是他孩子的老師，是個很好的老師。也有球隊其他的家長當面告訴弟弟，那老師是個名師，是我們沒有福氣。

他是不是名師不重要，他對待同事的孩子、對待成績優秀的孩子態度完全不一樣，也不關我的事，我在意的是他對待兒子的態度就是這麼惡劣。

很多家長都太善良，以為都是自己孩子的錯，不知道孩子就是遇到了不對的老師、不對的環境。如果沒有人提醒老師的行為不當，造成的傷害將會是一輩子。

哥哥在小五的時候，也有一段時間被老師極度厭惡，導致情緒不穩、脾氣暴躁。於是孩子的爸爸到學校跟老師溝通，老師了解孩子的感受後態度就改變了，也重新建立他和孩子之間的關係，孩子很快地就重拾了笑容，我很感謝老師願意為了孩子而做出調整。

為了三個孩子的求學，我遇過好多的老師和教練，深深覺得，我們要好好教育自己的孩子，也要學習和老師溝通，讓老師知道他的行為和態度會對孩子帶來多大的影響。

重考的日子

我家有六個小孩，前面三個姐姐成績優異，她們從小都是名列前茅，應屆考上台北商專、台大外文系，還有一個考上成大，結果輪到我考大學時卻落榜了。

當時真的很難過，也覺得超丟臉的，心裡很徬徨，不知道才高中畢業的我能做什麼？不知道該怎麼去面對辛苦工作的媽媽，也開不了口說要去補習重考。

爸爸說過考不上公立大學就去工作，所以我找了個在大學附近體育用品店當店員的工作，領著微薄的薪水，受盡老闆娘的無理要求。上班要順便看顧店門口的檳榔攤，每天幫大學生試穿鞋子，聽他們嘻笑怒罵，店裡被摸走了幾個小東西，還得被扣薪水，時不時被買檳榔的司機大哥戲謔……

做了兩個月，我仍然走不出落榜的失意和打擊，覺得人生沒有意義，心情超低落的。媽媽一直陪著我，在我下班的時候準備熱熱的飯菜，陪我聊天，看我意志消沉，她問我要不要去台北補習？我問她有錢嗎？她說會幫我想辦法。

家裡的孩子多，經濟壓力原本就重，加上家裡開貨運行，僅有的拖車頭被偷走，背負了好多的債務，更是雪上加霜，但媽媽還是想盡辦法要幫忙我上大學。她偷塞了補習費給我，讓我到台北去上課，我和在台北工作的姐姐一起住，姐姐負擔了我的生活所需，假日還會帶我去吃飯，四處走走、散心。在我最徬徨無助的時候，家人一路陪伴著我度過人生的低潮，讓我慢慢重拾起自信，第二年我如願考上花蓮師範學院，也有了穩定的工作。

回想重考的那一年，每一天都是煎熬，天還沒亮就到補習班，回家時已經夜深，每天早出晚歸，好一陣子都看不到太陽。每天關在連窗戶都沒有的補習班裡，座位狹小到連伸懶腰都困難；有時心情低落，連要踏進教室都是煎熬，沒想到我竟然能在那間教室生活了一整年。

因為曾經徬徨無助，我了解失意時的傷心和痛苦，現在看到自己的孩子面臨人生的關卡，我知道他強悍的外表下，心裡一定也感到糾結難過。我知道他已經夠努力夠辛苦了，不能依照原先的規劃平順地度過，對孩子來說也是一種學習。我能做的，就是同理他的心情，跟他分析每一條路的優缺點，提醒他從挫折中學習，耐心陪伴他走過這段難熬的時期，希望他能順利度過難關，找到屬於自己的一片天空。

面對挫敗時，孩子心裡的糾結和痛苦沒有人能懂，外表展現出來的可能是厭世或叛逆，想要讓別人知道自己不在乎，而不是做不到、學不會，因此被誤解。所以，別一味指責孩子，要讓他們知道，即使這一關失敗了也沒關係，接下來還有更長遠的人生，別因一時的失敗，輸掉了整個人生。

奇蹟

前兩天接到一個朋友的訊息，說她才出生就經歷多次大手術才活下來的孩子，被一個無知的小孩當面指著說是妖怪，讓她震驚、難過得忘了教育那個沒有禮貌的孩子……

我紅著眼眶把她的私訊看完。

記得六年前，為了讓妹妹做早療，我必須要在上班時間請假帶她去復健，有個上司當著我的面問我，是不是在懷孕的時候吃了什麼、做了什麼？說我沒有認真做人，才生下這樣的孩子，一直耽誤工作帶孩子去復健，假單都快填滿，考績都快乙等了！

在同一個辦公室裡，另一個上司說我的孩子是下愚。「孔子說唯上智和下愚不移」，當下我沒聽懂，回到教室後，我不禁痛哭失聲！孔子的意思是天才和白癡最無法被改變，所以他說我的孩子是白癡，不需要去改變她，因為改變不了。

因為經歷過這麼多的傷害，讓我知道這條路有多難走，也讓我一直奮力努力到現在，不畏懼任何的強權，不鄉愿地去原諒那些不會設身處地思考的人。

我不是不懂孩子將來得面臨多少問題，不是不在意別人異樣的眼光，而是聽而不聞、視而不見，才能擁著孩子活下去。每個孩子生下來就有他獨特的價值，我們的孩子也是獨一無二。

當我傷心痛哭的時候，老公告訴我，妹妹的好不是用分數來評價的，她的善良和體貼，是很多孩子遠遠比不上的。其實他說的我都懂，只是在陪伴的過程中難免陷入低潮，我要不斷地告訴自己，這個像天使一樣的孩子，要給我的是不一樣的人生。

我告訴那位傷心的媽媽，我們生下的不是怪物，我們的孩子是奇蹟！

只有我們才知道，我們的孩子要有多少奇蹟才能活下來、長這麼大！我們用盡全力讓孩子從谷底一步一步地慢慢往上爬。

生命是一場又一場的測試和考驗，我們可以害怕、可以哭泣，傷心的時候找一片大海，一個人在那裡大哭一場，然後擦乾眼淚，回家看看我們善良的孩子，繼續堅強地面對明天。

有一天，這些困難和傷害都會過去。

我從來不感謝那些傷害我的人，但是我感謝讓我看透人生、看盡人性的妹妹，還有一直以來陪伴我的人。

因為腦部灰質過少而影響妹妹的學習能力，這是先天上的限制，強逼她學習沒用，焦慮她的未來更是於事無補。我不斷調整自己的心態，面對一個沒有競爭力的孩子，希望她擁有的是生活自理能力；希望她對人生抱持正向和積極，找到自己的長處。

這是一段不堪回首的過程。小時候推著妹妹去復健，不管是大太陽還是下大雨，我們從來沒有撐過傘；我常常開著車子繞半個小時還找不到停車位，在烈日大雨下抱著她走好長一段路，到醫院時手都快廢了。我的假卡每學期都是填滿的，好幾個學期考績都快乙等；面對一張一張畢不了業的身心障礙手冊，那是一次又一次的期望和失落；面對小屁孩嘲弄她是智障，我不能反擊，因為那是事實。但是看她每天回到家第一件事情就是自己拿出功課來，把該寫的功課完成，把所有課文聽過幾遍，不需要催促。即使看不懂字還是會認真地寫完，雖然寫的字很難看得懂，可是她從來不懂拒絕和抱怨，我很感動。

因為妹妹，我失去了僅有的幾個十幾年的好友、信任的工作環境，剛開始覺得很孤獨，沒有人可以說說心裡的話。可是久了，我發現沒有對象可以抱怨和討拍，只能選擇面對也不錯。我不用為了心裡的悲傷對別人多做解釋，更不用去接受別人的評價，就是面對和解決問題。

我常常為了孩子的事情無能為力而擔憂，但是面對一關又一關的難題，我只能奮力向前，面對它、接受它、處理它。人生沒有過不了的難題，沒有放不下的面子，只要孩子一天一天進步，一切都不重要。

後記

從前年的一月到今天，我跑了上百所學校，推廣融合教育和特殊教育。在踏出校園之前，我從來沒有拿麥克風演講過，為了女兒、為了特殊的孩子，我多麼幸運可以有這麼多機會上台分享自己的經驗和理念，讓更多人能接納特殊生，讓融合教育真正地落實。

那一年妹妹在體育課被剝奪三個月的受教權，給了我很大的震撼，第一次深刻感受到身心障礙的孩子在普通教育裡面臨的困境。尤其是我把妹妹照顧得這麼好，從出生十個月開始復健沒有停過；她的自理能力足夠，她不是肢體障礙，不只活動自如還參加了體操比賽，只是無法認字和寫字。連這樣的孩子都被禁止上體育課，如果這不是歧視，什麼才是歧視？其他肢體障礙的孩子又該如何生存？他們除了與生俱來的障礙以外，還得受到周遭歧視、不平等的對待。

整整八年的努力被毀於一旦，除了憤怒，我也擔心這個孩子是不是一輩子都要受這樣的待遇？我陷入了嚴重的憂鬱，不斷地想像著要如何結束自己的生命……我面對的不只是一個剝奪孩子受教權的老師，還有一個我無法信任的教育體制，我一直以為的信念也被徹底擊垮了！我不知道如何改變這樣的現況，到底要怎麼做才能讓大家知道這些孩子的辛苦？

花了半年的時間，讓想要離開人世的念頭終於消失，改變的契機是我的第一場演講。老師們會後的回饋讓我感動不已，原來我有這樣的能力去影響第一線的老師們，我可以面對面地跟老師們分享身為特殊兒的父母一路走來的心路歷程。我不能改變一個老師對孩子的歧視，但是我堅信有更多在第一線的老師願意接納並協助這些辛苦的孩子。

在一個我生活了將近二十年的職場上重挫，跟好友絕交、讓我對人性的信任完全瓦解；要跟體制抗衡，不斷接受各種質疑和批判，去面對一場又一場的陌生人群，連我自己都不知道，為什麼我可以這麼勇敢？

因為，沒有人能阻止一個傷心的媽媽為她的孩子奮戰。

曾經有長官問過我，到底要去演講幾場才覺得夠？我的演講應該排在退休以後再去，我不能用公假去賺錢、我不能經營自己的粉絲團……不管別人怎麼說，我知道自己的初衷是什麼。

我告訴自己，趁我還走得動、有人願意聽的時候努力去做，總有一天我要踏遍全台灣的每一所學校，只要每一場多幾位老師接受孩子，願意多給這些孩子一些協助，我的努力就值得了。

我從來沒有想要紅，我多希望自己是一個平凡孩子的媽媽，孩子可以不用受這麼多苦，可以好好地學習、生活著，我可以只要把工作做好，把家庭照顧好就好。但是事與願違，上天給我的功課真的好多。

去年七月，我在嘉義的義竹國小完成了第一百場的演講。

演講一結束，有位老師流著眼淚告訴我：「老師，我教書二十六年了，深刻地反省自己這二十六年的教學，我可以很驕傲地告訴您，我沒有愧對任何一個孩子，謝謝您給我這個機會去省思和檢討自己對孩子的態度。」

演講結束回到家，有一位老師傳了訊息給我，告訴我家裡也有一個特殊的孩子，面對孩子的天生障礙，身為教師的他們都不知所措，常常為孩子的教育問題爭吵，為孩子的情緒失控動怒，但是聽完演講，他們面對自己的孩子特別有耐心，夫妻倆也坐下來深談了好幾個小時，決心要用全新的態度和方法去面對孩子。

感謝這一百場願意邀請我去分享的學校和機構，我在每一場演講活動的溫暖擁抱和專注聆聽、友善回饋中得到更多的力量；感謝所有與會的家長，更謝謝每一位支持、幫助我的朋友和家人。

生命中有您們陪伴，真好。

國家圖書館出版品預行編目資料

你的善意，是孩子的光：有教無淚，從愛出發，神老師的陪伴全教養 / 神老師&神媽咪（沈雅琪）著. -- 初版. --
臺北市：平安文化, 2019.4 面；公分. --
(平安叢書；第0628種)(親愛關係；24)

ISBN 978-957-9314-25-1（平裝）

1.親職教育 2.子女教育

528.2 108002949

平安叢書第0628種
親愛關係 24

你的善意，是孩子的光

有教無淚，從愛出發，神老師的陪伴全教養

作　者—神老師 & 神媽咪（沈雅琪）
發 行 人—平雲
出版發行—平安文化有限公司
台北市敦化北路 120 巷 50 號
電話◎ 02-27168888
郵撥帳號◎ 18420815 號
皇冠出版社（香港）有限公司
香港銅鑼灣道 180 號百樂商業中心
19 字樓 1903 室
電話◎ 2529-1778 傳真◎ 2527-0904
責任編輯—張懿祥
美術設計—嚴昱琳
著作完成日期— 2018 年 12 月
初版一刷日期— 2019 年 4 月
初版九刷日期— 2021 年 11 月
法律顧問—王惠光律師

讀者服務傳真專線◎ 02-27150507
電腦編號◎ 525024
ISBN ◎ 978-957-9314-25-1
Printed in Taiwan
本書定價◎新台幣 300 元 / 港幣 100 元